话说中国

大风一曲振河山（上）

公元前221年至公元前202年的中国故事

程念祺 著

上海故事会文化传媒有限公司

上海锦绣文章出版社

总顾问：李学勤
总策划：何承伟

本卷顾问：袁仲一

主编：　刘修明
副主编：陈祖怀

正文作者（按卷次先后排列）

《创世在东方》　　　杨善群　郑嘉融
《诗经里的世界》　　杨善群　郑嘉融
《春秋巨人》　　　　陈祖怀
《列国争雄》　　　　陈祖怀
《大风一曲振河山》　程念祺
《漫漫中兴路》　　　江建忠
《群英荟萃》　　　　顾承甫　刘精诚
《空前的融合》　　　刘精诚
《大唐气象》　　　　刘善龄　郭　建
　　　　　　　　　　郝陵生
《变幻中的乾坤》　　金尔文　郭　建
《文采与悲怆的交响》程　郁　张和声
《金戈铁马》　　　　程　郁　张和声
《集权与裂变》　　　胡　敏　马学强
《落日余晖》　　　　孟彭兴
《枪炮轰鸣下的尊严》汤仁泽

辅文作者（按姓氏笔画排列）

马学强　王保平　田　凯　田松青　仲　伟
江建忠　刘善龄　刘精诚　汤仁泽　杨善群
李　欣　李国城　李登科　张　凡　张和声
陈先行　陈祖怀　苗　田　金尔文　郑嘉融
宗亦耘　孟彭兴　赵冬梅　秦　静　顾承甫
徐立明　殷　伟　郭立暄　崔海莉　程　郁
程念祺

图片提供

文物出版社、河南省博物院、徐州博物馆、
徐州汉兵马俑博物馆等单位
　及（按姓氏笔画排列）　王保平　田　凯
田松青　仲　伟　孙继林　李国城　何继英
陈先行　欧阳爱国　殷　伟　徐吉军　郭立暄
郭灿江　崔　陟　翟　阳　薄松年等
本页长城照片由郑伯庆拍摄

梦想与追求

何承伟

为最广大读者编一部具有现代意识的历史百科全书

出版说明

> 中国是一个拥有五千年灿烂文明史、又充满着生机与活力的泱泱大国。中华民族早就屹立于世界的东方，前赴后继，绵延百代。

> 作为中国人，最为祖国灿烂的过去与崛起的今天感到骄傲。

> 作为中国的出版人，应义不容辞地以宏大的气魄为广大热爱中国历史的读者，承担起传播这一先进文化的责任：努力使中国历史文化出版物，与中国这样一个拥有五千年文明史的过去相适应，与当代中国日新月异的发展现实相适应，与世界渴望了解中国的需求相适应。

> 人民创造了历史，历史又将通过我们的出版物回赠给人民，使中华民族数千年积累起来的灿烂文化成为当今中国人取之不尽的思想宝库，让更多的读者感悟我巍巍中华五千年光辉历史进程和整个中华民族灿烂的文明成果。

> 为此，我们作了大胆的探索：以出版形态的创新为抓手，大力提高这套中国历史读物的现代意识的含量，使图书能够真正地"传真"历史；以读者需求为本位，关注现代人求知方式与阅读趣味的变化，把高品位的编辑方针和大众传播的形式有机结合起来，独辟蹊径，创造一种以介于高端读物与普及读物的独特的图书形态，努力使先进的文化为最广大的读者所接受。

> 经过多年的努力，这套融故事体的文本阅读、精彩细腻的图片鉴赏、便捷实用的检索功能于一体的中国历史百科全书——《话说中国》终于陆续与读者见面。这套书计15卷，卷名分别为：《创世在东方》、《诗经里的世界》、《春秋巨人》、《列国争雄》、《大风一曲振河山》、《漫漫中兴路》、《群英荟萃》、《空前的融合》、《大唐气象》、《变幻中的乾坤》、《文采与悲怆的交响》、《金戈铁马》、《集权与裂变》、《落日余晖》和《枪炮轰鸣下的尊严》。

> 在《话说中国》这部书里，你将看到以故事体文本为主体的感性与理性的统一。

> 现代人对历史的感悟，最能产生共鸣、最能感到激动的文学样式是什么，是故事。是蕴涵在故事里的或欣喜或悲切或高亢或低回的场面。这些经典场面令人感慨唏嘘，荡气回肠。记住了一个故事，也就记住了一段历史。故事是一个民族深沉的集体记忆，容易走进读者的心灵世界，它使读者在随着故事里主人公的命运起伏跌宕之时，不知不觉地与中国历史文化进行了"亲密接触"，从而让历史文化的精华因子，潜移默化地影响着我们的行为，净化着我们的心灵。因此，《话说中国》以故事体的文本作为书的主体。同时，它还突破了传统历史读物注重叙述王朝兴衰的框架，以世界眼光、一流专家学者的史识来探寻中国历史的发展脉络与规律；以密集的信息，弥补故事叙述中知识点不足的局限，从而使故事的感性冲击力与历史知识的理性总结达成高度的统一。它让读者既见树木，又见森林；既享受了故事所带来的审美快感，同时又能寻绎历史的大智慧。

> 在《话说中国》这部书里，你将看到互为表里的图与文的精彩组合。

> 当今社会已进入"读图时代"，这一说法尽管片面，但也反映了读者的需求。在这套书里的图片与通常以鉴赏为主的图片有很大不同：

> 图片内容涵盖面广。这些图片能够深入再现历史现实，立体凸现每一不同历史时期社会生活各方面的发展变化。透过生动的"图片里面的故事"，可以体味其中蕴涵着的

深刻内容，堪称是历史文化的全息图像。它们与故事体文本相关联，或是文本内容的画面直观反映和延伸，或是文本内容的背景补充，图与文珠联璧合，相得益彰。同时，纵观整套书的图片又分别构成了一个个独立的专门图史，如服饰图史、医药图史、书籍图史、风俗图史、军事图史、体育图史、科技图史等等。

> 图片的表现形式极其丰富。这套书充分顾及现代读者的读图口味，借助现代化手段尽量以多种面貌出现，汇集了文物照片、历史遗址复原图、历史地图与示意图、透视图以及科学考古发掘现场照片在内的3000余幅图片。既有精炼简洁的故事，又有多元化的图像，读者得到的是图与文赋予的双重收获。

> 创造了一种新的读图方式。书中的图片形象丰富，一目了然，具有"直指人心"的震撼力，但在阅读过程中，尤其是在欣赏历史文化的图片中，这种震撼力很难使读者感悟到。原来他们是凭自己的文化底蕴和生活积累在品味和理解书中的图片。两者一旦产生矛盾，就不可能碰撞出火花。本书作为面向大众的出版物创造了一种全新的阅读环境：改造我们传统的图片的文字说明，揭示图片背后的信息，让读者在读完这些文字后，会产生一个飞跃，对第一眼所看到的图片有一种新的发现和新的认识。

> 在《话说中国》这部书里，你将看到一个充满数字化魅力的历史百科知识体系。

> 数字化给我们的社会生活带来了许多崭新的变化，作为文化产品的创新也不例外。为此，我们在这套信息密集型的中国历史百科全书里，大量运用了在电脑网络上广泛使用的关键词检索方式，以关键词揭示故事内核，由此来检索和使用我们的故事体文本与相关知识性信息。这套书的信息化、网络化、数字化，充分表现了中华民族不但有自强不息的过去时，前进中的现在时，而且还有充满希望的将来时。

> 一则故事，一幅图片，一个关键词，都是某个有代表性的"点"，然而这个点不是孤立的存在，而是一个有意义的叙事单位。它是中华民族的文明亮点，折射了我们民族的文化性格。把这些亮点连接起来，就会构成一条历史之"线"，而"线"与"线"之间的经纬交织，也就绘成了历史神圣的殿堂。点、线、面三维一体，共同建构着上下五千年的民族大厦。

> 著名科学史家贝尔纳曾说："中国在许多世纪以来，一直是人类文明和科学的巨大中心之一。"我们知道，印刷是中国引以为骄傲的四大发明之一，中国出版在世界出版史中，曾留下许多脍炙人口的灿烂篇章。然而近代中国出版落后了，以至于到今天与发达国家相比，无论是在出版技艺上，还是在出版理念上，都存在着不小的差距。我们在本书的出版过程中善于学习、消化与借鉴，"洋为中用"，充分发挥"后发优势"，努力把世界同行在几十年中创造的经验，学习、运用到这套书的编辑过程中，以弥补两者之间的差距。事实证明，只要我们努力了，只要我们心中有了读者，我们一样可以后来者居上。

> 中国编辑中的一位长者曾说过这样一段话："我们没有显赫的地位，却有穿越时空的翰墨芬芳；我们没有殷实的财富，却有寄托心灵的文化殿堂。"

> 在编辑这套书的过程中，我们深深感到，中国历史文化太伟大了，无论你怎样赞美，都不为过；中国历史文化又太神奇了，无论你以何种方式播种，都会有意想不到的收获。今天，我们所撷取的，只不过是其中的一朵小花，还有更多更美的天地需要人们进一步去开拓。

现代人与历史

上海社会科学院研究员　刘修明

总　序

> 历史与现代人有什么关系？历史对现代人有什么用？这并非每一个现代人都能正确回答的问题。

> 过去的早就过去了。以往的一切早已灰飞云散，至多只留下遗迹和记载。时光不能倒流，要知道过去干什么？历史无用的混沌和蒙昧，不是个别现象。在科学技术高度发达的现代社会，人们更易对远离现实的历史轻视、淡漠。对历史无知而不以为然的人，不在少数。

> 不能简单地指责这种现象。一旦通过有效途径缩短了现代人和历史的距离，人们就会从生动形象的历史中取得理性的感悟，领悟历史的哲理，开发睿智，从而加深对现代社会文明的认识，使现代人的认识和实践达到一个新的层次。那时，人们就会有一个共识：历史和现代是承续的。历史是现代人生存和发展不可缺少的内容。历史和现代人是不可分的。

> 祖国的历史是一部生动的、博大精深的启迪心智的教科书。中国历史是独树一帜的东方文明史。承载中华文明的中国历史，在她形成发展的曲折而漫长的过程中，从未中断过（不像埃及、两河流域、印度文明或中断或转移或淹没）。她虽然历尽坎坷，备尝艰辛，却始终以昂首挺立的不屈姿态，耸立在亚洲的东方。即使从 19 世纪上半叶开始的对中华文明一个多世纪的强烈冲击和重creat难，也没有使曾创造过辉煌的中华文明沉沦，反而更勃发了新的生机。中国的历史学家从孔子、左丘明、司马迁开始，持续不断地以一种不辜负民族的坚韧精神，把中华民族放在辉煌与挫折、统一与分裂、前进与倒退、战争与和平、正义与邪恶的对立统一的辩证过程中，将感悟到的一切，记录在史册上。以一笔有独特美感并凝结高超智慧的精神财富，绵延不绝地传承给一代又一代炎黄子孙，从而成就了中华民族及其创造的文明的延续和发展。中华文明的创造和中国历史的记载是不可分的。中国历史是兼容时空又超越时空的中华文明有形和无形的载体。

> 英国哲学家培根说过："历史使人明智。"历史的经验是前人付出巨大的代价（甚至生命的代价）才总结出来的。历史经验包蕴着发人深思的哲理。要深刻地了解现实，理智地面对将来，就应当自觉地追溯历史。现代人只有了解历史，才能感受历史启迪现

实的无穷魅力。唯有从历史的经验与哲理感知杂乱纷纭的现实，才能体会历史智慧的美感和简洁感。

> 这种由历史引发的智慧、魅力和美感，对丰富一个人的生命内涵，提升人的素质，是非常重要的。我们强调人的素质，但素质的基本内涵是什么，却未必很清楚。我认为，人文素质应该是人的素质的基本内涵。一个人的人文素质是由他所属的民族几千年文化创造的基因，积淀在他的血液和灵魂中形成的。以文史哲为主体的人文教育，对人的素质提高具有特别的价值。而中国历史往往又是文史哲三位一体的糅合和载体。只重视外语、电脑教育而忽视人文教育的偏向应引起重视并加以纠正。这种素质教育应当起步于一个人的青少年时代。对祖国的热爱，民族自信心的树立，正确的人生观、价值观的确立，都离不开对祖国历史的了解。只有这样的人，才能立志报效祖国和中华民族，并以他们的不断传承和新的创造，继续为人类文明的发展作出新的贡献。在共同文化血脉上发展起来的13亿中国人和5000万在世界各地的华人，都应有这样的共识，都应承担这样的责任。

> 了解祖国的历史，可以从简明的历史教科书入手，也可以从浩瀚的史籍中深究。关键是引起读者的阅读兴趣。我们这里提供的是一本图文并茂用故事形式编写的中国历史。中国有一本几乎家喻户晓、发行量达几百万册的出版物：《故事会》。这是上海文艺出版总社的名牌刊物，在社会上有很大的影响。何承伟先生从几十年编辑的成功实践中，提出了这样一部以图文并茂的故事形式并包含巨大信息量的中国历史百科全书的设想。在众多学者的参与和合作下，成就了这样一部新体裁的中国通史《话说中国》。它生动形象、别开生面的编写方式，使包括老中青在内的现代中国人，都可以轻快地从这部书中进入中国历史宏伟的殿堂，从中启迪心智，增加知识，开拓眼界，追溯历史，面对未来。它把传统的教育和未来的展望，有机而和谐地结合在一起，引导当代中国人顺应悠久古老的中国文明融注世界发展的现代潮流，以期为世界的文明发展作出新的贡献。我们相信，凝聚了几十位学者和编者多年努力的这部书，一定会为这种贡献尽其绵薄之力，发挥其应有的作用。

目录

秦朝的历史，禀上古三代、春秋战国之流风余韵，又以天下大一统之新声，重谱中国历史之新曲。雄悍与张扬，反映着这一时期的历史个性。而随着那辉煌逐渐化为乌有，埋下的却是沉重的历史伏笔。

专家导言

秦俑博物馆名誉馆长 研究员 袁仲一

> 在中国五千年文明的历史长河中，秦和西汉王朝是一个大一统、大发展的辉煌时期，也是中国人引以为骄傲和自豪的时代。当时国家统一，社会繁荣昌盛，国威远播，成为屹立于东方、雄视于世界的人类文明史上一朵绚丽奇葩。

> 秦汉王朝的一个突出特征，是大一统政治体制在全国的确立。秦王朝以前的中国，诸侯分裂割据；以秦、楚、三晋、齐鲁等地为主的多元区域经济、文化并存，并互相渗透交融。经济、文化的趋同性，使国家统一成为不可逆转的时代需求。秦始皇顺应历史的潮流，以秦国强大的军力、财力发动了一系列的统一战争，先后消灭了山东六国，完成了统一中国的大业，建立了中国历史上第一个统一的多民族的专制主义中央集权的封建王朝。秦始皇登上皇帝的宝座，成为了中国封建社会的第一位皇帝。从此揭开了历史的新纪元，古老的中华文明开始步入大一统的封建文明帝国的新时代。

> 秦所开创的大一统的政治体制，到汉代得到进一步的巩固、完善和发展，并对后世有着深远影响，奠定了此后两千多年历代王朝政体的基本格局，这一体制的核心是皇权的至高无上性、不可分割性和世袭性。因此围绕皇权的纷争，演绎了兴衰更替、治乱得失的一幕幕波澜壮阔的悲喜剧。秦二世胡亥的篡夺帝位、赵高的指鹿为马，西汉的七国之乱、外戚擅权等诸多政治风云事件，就是这方面的体现。

> 大一统的政体，需要大一统的思想。秦崇尚法家思想；西汉初年一度崇尚黄老思想；到汉武帝时采纳董仲舒的建议"罢黜百家，独尊儒术"，以儒家思想作为治国的理论基础，实现思想的大一统。这对国家的统一、社会的安定、经济和文化的发展起到了积极的促进作用。

> 秦汉是经济和文化蓬勃发展的时期。过去有个传统的观念，认为秦较山东六国落后，统一后又享国短暂，因而误以为秦在经济、文化艺术和科技等领域没有巨大的成就可

言。近二三十年来秦代考古一系列的重大发现，使人们的耳目一新。例如秦始皇陵园出土的大批兵马俑、百戏俑、铜车马、铜飞禽，数万件青铜兵器，以及各地出土的大量秦简、秦封泥等等。这些在物质文明和精神文明方面的辉煌成就，立即引起国内外人们的震惊。事实雄辩地表明秦王时经济、文化艺术、科学技术的发展已达到相当高的水平。汉代秦后，在秦物质文明、制度文明和精神文明丰厚的沃土上，进一步将原山东六国地区的区域文明，尤其是楚文化等不同的文化因素，加以全面的整合、融合和创新，形成空前繁荣的大一统的汉代文明盛世。在当时世界上也是仅有的大一统的文明强国，处在世界文明的前列。秦汉所创造的这份宝贵的文化财富，人类文明史上的伟大奇观，今日我们通过考古发现的众多遗迹、遗物，仍可领略它那绚丽多彩的英姿和恢宏博大的秦汉雄风，从中受到启迪和鼓舞。

> 秦汉文化具有巨大的包容性和开拓性。对内它是各民族文化的交融体；对外积极发展同各国各地区的文化交流。与朝鲜、日本、越南以及南亚、东南亚地区其他的一些国家有着密切的交往。张骞通西域，开拓了中西交流的大道——丝绸之路。从而使中国先进的文化传播到世界各地；同时也大量吸纳了外来文化的素养，互利互补，共同发展，为人类文明作出了卓越贡献。秦汉人这种宽阔的胸怀、开拓进取的精神，至今仍激励着中国人面向世界，创造美好的未来。

> 秦汉文明博大精深，是座使人心灵震撼的文化殿堂。本卷《大风一曲振河山》，是《话说中国》丛书中的秦西汉卷。它别具一格，采用故事的编写形式，通过扣人心弦的一系列生动故事，引人入胜地进入那多彩多姿的文化殿堂。融知识性、科学性、趣味性为一体；文图并茂，信息量巨大。适合各个层面人们的需求，用较少的时间即获取大量知识的精粹，从而增长知识，启迪心智，接受美感的熏陶，提升自身的文化素养。

把中国历史的秀美景致尽收眼底
本书导读示意图

　　《话说中国》作为融故事体的文本阅读、精彩细腻的图片鉴赏于一体的中国历史百科全书，其中包含着无数令人神往的中国历史的秀美景致，它们经纬交织，互为表里，形成了中华民族上下五千年的灿烂文明。

　　如同游览名山大川离不开导游和地图的指点，通过以下图例的导读提示，读者定能够尽兴饱览祖国历史美景，流连忘返。

随时感受历史文化的魅力与编纂创意的匠心

　　整个版面构成充分体现出本书以故事体文本为主体的特点，体现出本书作为历史百科全书的知识信息密集、图文并重的特点，使读者在本书任何一个页面上，都能感受到历史文化的魅力与编纂创意的匠心。

导读、段落标题与编号，
能更好地理解故事精髓，更好地运用故事

　　为了更好地理解故事，在实际学习生活中运用故事，本书在故事体文本中，特地为读者准备了故事导读、故事段落标题与故事编号等三个重要内容。故事导读是概述故事精要，它与故事段落标题，都是为了让读者更好地理解故事的精髓，同时让读者以一种轻松便捷的方式快速获得文本重要信息。

人物、典故和关键词具有很大信息量和实用性

　　在每一则故事中，都含有故事核心内容（即故事内核）、故事人物等基本要素。本书将此提炼出来，标注在每则故事的右上角（加上故事来源），使之具有很大的信息量和实用性。

建构多元、密集的知识性信息，
构成了全书另一个重要组成部分

　　以密集的信息，弥补故事叙述中知识点不足的局限，从而使故事的感性冲击力与历史知识的理性总结达成高度的统一。它让读者既见树木，又见森林；既享受了故事所带来的审美快感，同时又寻绎历史的大智慧。如"中国大事记""世界大事记""历史文化百科"和图片说明文字等专栏中的有关内容，都是经过精心选择的练达的知识板块，既是历史知识的精华，又是广泛体现"活"的历史，体现当时社会人生百态，体现当时寻常百姓的寻常生活。

再现历史现实的图片系统

　　图片内容涵盖面广泛，能够深入再现历史现实，观赏效果细腻独到，立体凸现了每一不同历史时期社会生活各方面的发展变化。透过生动的"图片里面的故事"，可以体味其中蕴涵着的深刻内容，堪称是历史文化的全息图像。

　　《话说中国》以精美绝伦的文字和图片，将中华民族最可宝贵的民族精神和生生不息的文化传统，演绎得生动而传神。看了这张导读图，你就开始一程赏心悦目的中国历史文化之旅吧。

故事标题。

故事编号：与"人物""典故""关键词"等相联系。

故事段落标题：揭示本段故事主题，具有阅读提示和增加阅读悬念的作用。

前202年

○一五

中国大事记

汉军围楚军于垓下，项羽突围，于乌江边自刎，刘邦即皇帝位，都洛阳。

末日临近了

胡亥临死三愿

　　胡亥每日都在上林苑打猎，赵高却天天盘算者找机会除掉他。巨鹿之战后，秦军主力被消灭，各路起义军队向无敌，秦朝的郡县官吏往往望风而降。很快，刘邦率领的一支起义军就逼近了咸阳，并派人暗中与赵高联络。赵高担心这件事如果被胡亥知道，会要了自己的命，就躲在家里不再去见胡亥。一天，胡亥在上林苑打猎时，把误从上林的一个行人射杀了。赵高听说此事，就入朝对胡亥说："天子不应该杀害没有罪的人。上天是不会允许这样杀人的。"他建议胡亥不要再住在宫里，避开上帝的惩罚。胡亥听了这话很高兴。后来，他在睡梦中梦见一只白色的老虎，咬了他座驾左边的马，结果他那只白虎给杀掉了。醒来后，他闷闷

起义军逼近咸阳，赵高决心除掉胡亥。胡亥苦苦哀求，说自己愿意放弃皇位而只做一个郡王，或去做一个万户侯，甚至做一个普通百姓，以免一死。

巧夺天工的雁鱼灯
汉代青铜灯其形式多样，铸造工艺精巧实用。造型多取祥瑞题材。此雁鱼灯采用传统的青铜分段造型。红盆、灯罩可转动开合，调温排风和光扩照、身骨、腹腔和雁体中空相通，可纳油烟，各部分可拆卸以便清洗。设计精巧合理，可算达到形式与功能的完美结合。

不乐，觉得这不是个好兆头，就请太卜为自己推了一卦。算下来，祸是泾水的鬼神在作祟。于是，他就在望夷宫里做了一番清洁斋戒的功夫，杀了四匹白马沉入泾水里，算是对泾水鬼神的供奉。

　　不久，赵义军逼近咸阳的消息，终于传到了胡亥的耳朵里。胡亥派人责备赵高总是欺骗他，他把百姓造反说成是盗贼作乱，使他松了警惕。他与国阳令阎乐、弟弟赵成等人密谋造反。赵高对他们两个人说："皇帝不听劝告，现在事情紧急了，就要我们来替他承担罪责，我想用子婴取代他。"有人说子婴是胡亥的侄子，有人说他是始皇帝的弟弟，也有人说他是始皇帝的侄子。子婴假仁慈、也很俭朴，老百姓都说他好。赵高以为立这么一个人，是一定会得到天下人支持的。

被逼自刎

　　那时，赵高正掌握着宫城的警卫，他在接受了赵高的密令后，一回到宫中，就谎称宫城中有盗贼作乱，命令阎乐迅速带兵入宫护卫。阎乐接下命令，即带兵出发。他刚离开，赵高就派人把他的母亲接到自己家，说是保护起来，其实是做人质，这样阎乐就不敢临阵退缩。

012

中国大事记：以每卷所在历史年代为起止，精选与故事相应相近年代的中国历史文化重大事件，以此体现中国历史发展的基本脉络。

故事导读：概述故事精要，更好地理解故事精髓。

世界大事记：以中国大事记为参照，摘选相应年代的世界各国历史文化重大事件，以此体现本书“世界性”的理念。

公元前203年

世界大事记

塞琉西王安条克三世与马其顿腓力五世缔结密约，瓜分埃及托勒密王朝在海外的领地。

胡亥 赵高 阎乐

牧许 昏庸

《史记·秦始皇本纪》

人物 关键词 故事来源

罕见的秦代青铜龙

此器长240厘米、宽100厘米、高40厘米。秦始皇陵附近出土。

阎乐来到望夷宫门口，先把守门的军官抓了起来，对他说：“有盗贼入宫，你为什么不抓？”守门的军官说：“宫殿四周都设了严密的警卫，哪里会有这样大胆的盗贼，居然敢闯入禁宫？”阎乐不由他争辩，把他杀掉了。然后，他指挥士兵们杀入望夷宫，而赵成则率领士兵在宫里接应他。他们会合之后，率兵直奔胡亥的住所，乱箭直射胡亥住所的帷幔。胡亥知道大事不好，叫卫兵抵抗，可卫兵们都吓得逃跑了。这时，只有一个太监还侍候在他的身旁。胡亥问他为什么不把有人打进皇宫的事报告自己。这个太监说：“我能活到今天，就是因为不敢说实话。如果我敢说实话，恐怕早就死了，哪里还会有今天！”

丝织珍品人首马身纹裤

人首马身纹裤是新疆洛浦县山普拉一号汉墓出土，是中国丝织品中的珍品。这条裤子已经残损，只剩一条裤腿，以十五种彩线织成。最奇妙的是裤上的图案：一匹腾走奔驰的人首骏马，人像高鼻深目，身披斗篷，四周装饰着缥缈的彩云和散落的莲花、海棠花等。

统一文字

秦统一中国后，秦始皇下令统一和简化文字，以秦的字体为规范，对六国文字加以整理，将繁难的大篆省改为小篆。秦始皇还倡导了另一种书体——隶书(即秦隶)。隶书笔画方折平直，比小篆简化，书写更为简便。此图是统一前后“马”字的写法。

国名	秦	楚	燕	齐	赵 魏 韩
统一前“马”字的不同写法	[illegible]	[illegible]	[illegible]	[illegible]	[illegible]
统一后秦篆“马”字的写法	[illegible]				

历史文化百科

【地方官僚机构：十三刺史部】

汉武帝时，为了加强中央对地方的监控，在地方上设十三个监察区，称十三刺史部，简称十三州或十三部，并任命刺史，行监察之责，然刺史官秩仅六百石。东汉末，十三刺史部由监察区演变为郡以上的一级地方行政单位。

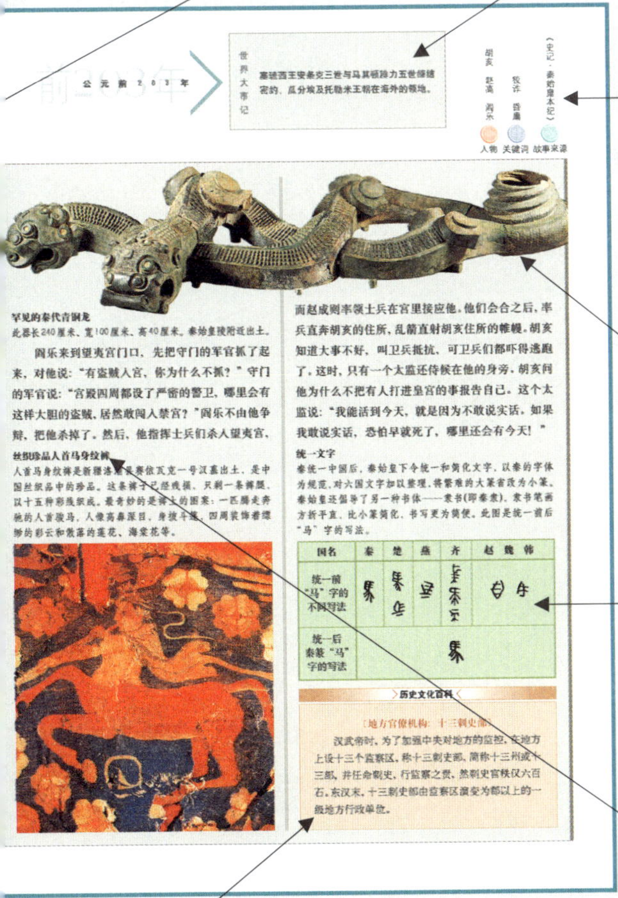

人物、典故、关键词、资料来源：将故事的人物、关键词提炼出来，标注于此（加上故事来源），使之具有很大的信息量和实用性。

图片：涵盖面广泛，能够深入再现历史现实。纵观整套书的图片，又分别构成了一个个独立的专门图史。

以直观的表格形式，便于读者对分散信息作系统的查考。

历史文化百科：是精选的历史文化百科知识，分别涉及政治、经济、文化、科技等十余个知识领域。

图片说明文字：深入揭示图片“背后”的历史文化内涵，读完这些文字，就会对图片有新的发现和新的认识。

公 元 前 ２２１ 年 ＞ ＞  ＞ ＞公 元 前 ２０２ 年

公元前 221 年至公元前 202 年
大一统时代的辉煌与忧患
秦朝

上海社会科学院历史所副研究员　程念祺

天下人心不死　我们讲秦朝与西汉的故事，当然从秦始皇讲起，一直要讲到王莽称帝。秦朝统一中国，在公元前221年。这是一个非常短命的王朝，公元前206年，它就"二世而亡"了。秦朝是被人民起义推翻的。这在中国历史上，是件开天辟地的大事。带头起来造反的，是陈胜和吴广。陈胜和吴广都是贫苦农民。陈胜曾经为人"佣耕"，想来他家里不是地很少，就是根本没有地。但他却对跟他一起造反的人说："王侯将相宁有种乎？"看来，他人虽穷，却很有点气魄。像陈胜这样有气魄的人，当时是很多的。后来做了皇帝的刘邦，他在咸阳服役，碰巧看到始皇帝出巡的壮观的景象，就忍不住赞叹道："大丈夫当如是也！"曾经做过西楚霸王的项羽，始皇帝东巡到会稽，渡浙江，他跑去看热闹。看到始皇帝车被华盖，在浩荡人马护卫下那种备极尊贵的样子，也羡慕得不得了，竟然脱口而道："彼可取而代之！"天下虽然统一了，而天下人却并不死心，这对秦朝的统治的确很不利。

劳民伤财　为了巩固秦朝的统一，秦始皇做了许多事。他自称"皇帝"，暗示自己不仅主宰人间，并且还主宰神界。他在咸阳建造了巨大的宫殿，虽然是为了自己享受，但也是要向天下人显示他是独一无二的神圣。为了保证皇权独尊，他对国家实行了全部的官僚化控制。中央有朝廷，地方有郡、县和乡、里，但都听命于皇帝一人。因为耽心人民造反，始皇帝制定了严刑峻法，收缴了天下的兵器，还摧毁了六国修筑的堡垒与城墙。而为了抵御外族的入侵，他在中国的北部和西北部的漫长边境上，建造起万里长城。他还修筑了四通八达的道路。有"驰道"从咸阳远抵吴、楚、齐、燕，有"直道"从咸阳附近的云阳直通九原郡治所（在今内蒙古包头附近），有"五尺道"绵延于西南边疆，有"新道"连接着湘、赣和两广。这些道路的修筑，无非是为了便于皇帝的调兵遣将、物资运输和政令传递。为便于政令的传达，始皇帝甚至还统一了文字。而统一货币和度量衡，则是他对帝国统一所作的经济上的安排。始皇帝当然不会认为，做了这些事，就足以使秦朝的统治"万世一系"了。他还焚书坑儒。以为这样，就可以使那些怀念故国和旧制度的人从此死心，可以从此使天下人无知无识，顺从秦朝的统治。这位中国历史上的"千古一帝"，还是非常怕死的。他派了许多方士出海，为自己寻仙问药，却又幻想着自己死后也能像活着的时候一样，拥有权力和尊贵。他为自己修筑的坟墓，上具天文，下具地理。墓室里不仅摆放着稀世珍宝，有水银灌注的江河大海，还排列着文武百官的位秩。 >我们难以想象，始皇帝为了秦朝的万世基业，也为了满足他个人的欲望，究竟榨取了多少民脂民膏。中国的历史，自春秋而战国，战乱不已。为了这种战争，不知牺牲了多少的人力、物力和宝贵的生命。秦朝统一了，照说百姓都盼望着从此天下太平。始皇帝也曾把"黔首是富"这几个字，刻在石头上。意思是说，从此要让种地的人都过上富裕的日子。但是，他又要做这么多耗费人力物力甚至牺牲人命的事，这让种地的人又怎么过得下去！据学者们估计，秦朝的时候，朝廷掌握的人口约有二千万，但每年被政府征用的，起码不少于三百万。在秦朝的统治下，除徭役之外，老百姓还要向国家缴纳各种直接或间接的税。这些税也是非常沉重的，超过了人民收入的一半。这样一来，"黔首是富"就是一句空话。所以说，这秦朝的统一，不仅没有使老百姓的日子过得比战国的时候好些，反倒是更苦的。

公元前 221 年至公元前 202 年
大一统时代的辉煌与忧患
秦朝

始皇帝死而地分 > 秦朝的百姓总盼着始皇帝赶快死掉，那些有野心的人则盼着始皇帝死后，他们可以重新瓜分天下了。公元前216年的一天夜里，始皇帝在几个武士的护从下出宫，不意遭盗匪袭击。脱险后，惊魂未定的他，竟下令在关中地区实行大搜捕，前后二十日。这样被袭击的事件，当然不止一次。韩国的贵族张良，就曾以全部家财雇佣刺客，在始皇帝东巡至博浪沙（在今河南）时伏击了他。公元前211年，有一块陨石落在东郡，马上就有人将"始皇帝死而地分"这句话刻在了上面。 >始皇帝终于在公元前210年病死在东巡的途中。继承皇位的，是他的一个十分不争气的儿子胡亥。胡亥在宦官郎中令赵高和丞相李斯的帮助下，篡夺了皇位，做了"二世皇帝"。赵高是胡亥的老师，他说服李斯跟他一起伪造始皇帝遗诏，让胡亥做了皇帝，所以深得胡亥的信任。他跟胡亥一起，把始皇帝的骨肉差不多都杀了，把他们不放心的大臣也都杀了个差不多。他是个大阴谋家，秦朝的大权自然很快就落入他的手里。赵高后来还杀了李斯，最后把胡亥也杀掉了。 >胡亥继承秦朝的皇位，加速了秦朝的灭亡。公元前209年，那时胡亥的帝位还没有坐热，就发生了陈胜、吴广在蕲县大泽乡（今安徽宿州东南）带领戍卒起义的壮举。这支起义队伍一开始并不强大，很少像样的兵器，不过是"揭竿而起"，但起来响应他们的人却很多。据说，秦灭楚，民间有传言："楚虽三户，亡秦必楚！"想来，楚人对秦灭了他们的国家，是特别痛恨的。现在，起义首先就在楚地爆发，陈胜、吴广都是楚人，而起来响应他们的项梁、项羽和刘邦，也都是楚人。最后击败秦军主力的是项羽，首先率军入关进入秦都咸阳的是刘邦。这些事，好像正是应了那传言。 >反秦起义爆发后，一个非常引人注目的现象是六国的复立。而除燕国之外，各国的国王，都出自原来的王室和王族。陈胜的大将武臣，自立为赵王。武臣死于内乱，张耳、陈余就立赵国王室之后赵歇为赵王。魏国王室之后魏咎，则由陈胜的大将周市立为魏王。齐国的王族田儋，在狄县起兵，然后自立为齐王。陈胜死后，项梁找到流落在民间的楚怀王的孙子熊心，立为楚怀王。后来在韩国贵族张良的建议下，项梁又立韩国公子韩成为韩王。可见，当时在社会上，人们显然还很看重血统。陈胜攻下陈县后，他手下一个叫葛婴的将军，在率部向东进攻的途中，居然立了一个名叫襄疆的鲁国贵族的后裔为王。只是后来听说陈胜已在陈县称王，他才把襄疆杀了。而陈胜在陈县称王时，张耳和陈余就表示反对，说应该先恢复六国。陈胜没有听从他们的话，他们就耿耿于怀。后来他们挑唆武臣自立为赵王时，还以陈胜为例，说陈胜可以称王，为什么武臣就不能称王呢！但是，等到秦朝被推翻时，情况就发生了很大的变化。项羽分封的十八个诸侯王，其中来自六国王室或王族的，不过韩成、赵歇、田安、魏豹、田市五人。

萧穆的背影

秦

公 元 前 2 2 1 年 〉 公 元 前 2 0 2 年

秦时期全图

图 例 Legend

⊚ 咸阳	都城	Capital city
⊛ 咸阳	郡级驻所	Seat of Jun-level administration area
○ 大泽乡	其他居民点	Other inhabited locality
▬▬	政权部族界	Boundary of a regime of a tribe
———— 今国界		Contemporary international boundary
◉ 北京	今首都	Contemporary national capital
⊕ 上海	今直辖市、省、自治区人民政府驻地	Seat of contemporary province-level administration area
● 丹东	今市人民政府驻地	Seat of a contemporary city
○ 澄河	今其他居民点	Other contemporary inhabited locality

选自谭其骧主编《中国历史地图集》第二册：秦西汉东汉时期

秦世系表

1 始皇帝嬴政 → **2** 二世皇帝胡亥

中国大事记

秦王嬴政统一中国，更号为皇帝，建立起中国历史上第一个统一的中央集权制帝国。

"皇帝"来了

古有"三皇五帝"。皇与帝并称，始于秦朝大一统。秦朝虽短命，这一称号却沿用了两千多年。

灭六国，天下一统

嬴政十三岁，就继承了秦国的王位。那时，他还只是个孩子，只能做傀儡。真正掌管朝政的，是他的母后和相国吕不韦。据说，他的母后一直与吕不韦私通，后来又喜欢上一个叫嫪毐的人，嫪毐于是也成了秦国的一个权势人物。

嬴政当然不情愿做傀儡。他在默默的等待中，熬过了八个年头。到了二十一岁那年，他的出头之日终于来到了。这一年，他将在蕲年宫举行加冕礼，之后他就可以亲自执掌江山了。

就在嬴政去蕲年宫举行加冕礼的那一天，嫪毐竟在咸阳发动了反叛。嬴政对此显然早有准备。嫪毐反叛的消息刚刚传到，他即以迅雷不及掩耳之势发兵镇压，并借此机会株连了吕不韦，把母后的权力也全部剥夺了。

经过一场腥风血雨，嬴政大权在握，从此一心致力于完成统一天下的大业。他先后出兵灭掉了韩、赵、燕、魏、楚、齐六国，在他即位的第二十六年，实现了秦朝的统一。那一年，正是公元前221年，嬴政三十八岁。

调动军队的凭证：阳陵虎符

秦代兵符，是秦始皇调动军队的凭证，用青铜铸成卧虎状，可中分为二，虎的左右颈背各有相同的错金篆书铭文12字"甲兵之符，右在皇帝，左在阳陵"，军队调动时，由使臣持右半符验合，方能生效。

称皇帝，不可一世

这统一天下的功业，并非是嬴政一个人的成就。在嬴政即位之前，六国已是强弩之末。但是，嬴政仍然非常强烈地感到，只有他，才是真正不可一世的：要说赫赫武功，即便是历史上的五帝，又怎能与他同日而语；要说疆域的广大，历史上的三王，又有哪一个能与他相提并论呢！只有他嬴政，才真正是开天辟地的第一人啊！

头脑一发热，嬴政就觉得"王"这个称号有点讨嫌了。历经春秋战国，"王"已经不再拥有"天子"那样崇高的地位。为了向天下人显示自己独一无二的尊贵和神圣，永远地让后代记住自己的开创之功，嬴政命令朝廷大臣们为他议定一个"帝号"。

秦朝的大臣们尽管对这件事表现得十分热衷，竭力地称颂嬴政的功德，但对他的心思并不能心领神会。明明是叫他们议定"帝号"，他们却认为嬴政应该称"皇"。丞相王绾，御史大夫冯劫，还有廷尉李斯都认为"帝"这个称号，用在嬴政身上，似乎太小器了。历史上的五帝，他们才统治了多大的一块地方？方圆不过千里。千里之外，诸侯们有的服从，有的就不服从了。哪里比得上当今的秦朝，天下都设立了郡县，都遵守秦朝统一的法令。他们于是建议嬴政从此以后就称"泰皇"。因为，在秦国的神话里，有天皇，有地皇，还有泰皇，而最尊贵的

是泰皇。

可是，嬴政偏偏对"帝"这个称号情有所钟。战国之前，在中国人的观念里，天神的最高尊号，就是"帝"。不过，对"皇"这个尊号，嬴政也是很喜欢的。"皇"象征着光大辉煌，也是天上了不起的神圣。只是"泰皇"，也就是"人皇"，他的权力还不够大。经过了一番考虑，嬴政对大臣们说，那个"泰"字就不要了，"皇"字保留，"帝"这个称号还是要用，就叫"皇帝"吧。

从此，中国历史上无论哪个朝代，最高的统治者不管是聪明还是愚笨，不管是仁慈还是暴虐，就都叫"皇帝"了。而嬴政，则成了中国历史上的"始皇帝"。有趣的是，这个"始皇帝"，他不仅要

嬴政称皇帝

公元前221年，秦王嬴政灭六国，使中国大一统，奠定了始皇帝在中国历史上的地位。但秦朝二世而亡，始皇帝的暴政难辞其咎。不同时代不同的人，对这位"千古一帝"会有不同的评价。下图出自明刻本《两汉开国中兴志传》。

> 历史文化百科 <

〔黔首〕

黔是黑的意思，战国时民间有用黑布裹头的习惯，统治者往往称庶民为"黔首"。秦始皇相信阴阳五行家讲的"五德终始"，秦为水德，故尚黑，于是下令将人民一律称为"黔首"。秦朝的诏令中还把人民称为"黎民"或"黎庶"。黎有"众"的意思，也有黑的意思，与黔通。

统治天下，还真想统治天上。他常常在恍惚中，感到自己真的就是最高的天神。有一次，他乘船浮长江巡行，到了湘山祠，准备从那里渡江上岸。可是忽然之间，狂风大作，差一点让他渡不了江。他就问随行的博士，湘君是个怎么样的神。博士说，传言是尧的女儿，后来嫁给了舜，死后就葬在这湘山。嬴政听了勃然大怒，命令三千刑徒，把湘山上的树都砍了个精光，算是他这个最高的天神对湘山之神的惩罚。

号称"皇帝"，就以为不仅人间归自己管，连神界也真的归自己管，一不高兴对"神"也要施以惩罚。如此丧失理智的皇帝，他会以什么样的手段来对待他所统治的人民，是可想而知的。

〇〇二

诸侯王国还要不要？

中国有句俗话，叫做"天高皇帝远"。它的意思是说，国家大，边远的地方，皇帝就鞭长莫及了。

秦朝统一之后，东西南北，纵横几千公里。虽说那时已经实行了郡县制，郡县的长官，也都是由皇帝亲自任命的，不会不服从命令。可是，边远的地方，皇帝还是很难管到。那时，交通不便，信息传递很慢。皇帝的一道命令，用驿递一站一站地传送，哪怕日夜兼程，送到最远的地方，至少需要三四十天。如果边远的地方发生了紧急情况，必须向皇帝报告，等候皇帝的命令，文件远途往返总需要两三个月。有时，皇帝的命令还未到，情况已发生了变化，又要重新报告。

影响后世货币的秦半两

秦始皇统一中国后，统一币制，以黄金为上币，以铜制圆形方孔的半两钱为下币，通行全国。这种钱币形状一直沿用至20世纪初。钱范为铸造"半两"钱的模具。

天下为郡县

秦朝中央集权的一项重要措施，就是在地方上推行郡县制。郡县长官由皇帝直接任免，以保证中央对地方的直接控制。

"天高皇帝远"，这是郡县制面临的一个新问题。对此，秦朝的丞相王绾和朝廷上的一些大臣，建议始皇帝封自己的子弟们为诸侯王，把他们派到燕、齐、荆等边远的地方，建立诸侯王国。

分天下为三十六郡

嬴政听了王绾等人的建议，并没有动声色。他把大臣们召集起来，让他们发表意见。大臣们也猜不透

刻有统一度量衡40字诏书的秦青铜诏版

> **历史文化百科**

〔统一度量衡〕

所谓度量衡是分开的三个基准，度是计量长短的标准，量是计量容积的标准，衡是计量轻重的标准。秦始皇统一六国后，为了巩固一统的政权，将全国的度量衡统一以强化其专政。秦始皇为统一度量衡所施行的具体措施有：颁发统一度量衡命令、确立统一度量衡标准、制造并颁发度量衡标准器、建立严格的检定制度等。在出土的秦代石权、铜权、椭量等器物中，都可以见到当时颁布的诏文，如始皇二十六年八斤铜权、两诏秦椭量、秦斤权、鎏金容二斗银盘等。

公元前 220 年

世界大事记 罗马约于此时开始修筑弗拉米尼乌斯大道。

《史记·秦始皇本纪》
《史记·李斯列传》

始皇帝 专制 革新

人物 关键词 故事来源

秦铜权

秦权有铜制、铁制两种，权即砝码，此权身刻秦二十六年始皇统一度量衡的 40 字诏书。并铸有阳文"八斤"二字，看来是八斤的砝码。

始皇帝的心思，只以为皇帝想封自己的儿子们为王，就附和着表示赞同王绾他们的建议。这时，廷尉李斯出来反对，说："周朝的文王和武王，在自己的亲戚子弟中封了许多诸侯王。但时间一长，亲戚关系就疏远了，像仇人一样你打我，我打你，比其他诸侯们打得更厉害，弄得周天子一点办法也没有。如今全凭着始皇帝天纵英明，国家实现了统一，地方上设置了郡县。而皇子和功臣，有国家的封户向他们交税，为他们服役，他们得到的已足够了，也容易被驾驭。使国

家安宁的办法，不就是使人人都安心嘛！建立诸侯王国，可不是个好办法。"

李斯讲过后，嬴政才表露出自己的心迹。他说："天下长久以来遭受战乱之苦，就是因为有诸侯王。如今刚刚安定下来，又要恢复诸侯王国，这等于是又要打仗。用这样的办法来争取国家的安宁，怎么可能办得到呢！还是李斯讲得正确。"

这以后，秦朝重新把天下划分为三十六个郡，每个郡又划分为好多个县。郡的最高长官称守，县的最高长官称令，不满万户的县，长官称长。县以下设乡，乡以下设里。随着秦朝不断地向外扩张，郡的建置逐渐增加到四十六个。秦朝虽然短命而亡，但是从汉唐到明清，尽管中国的疆域越来越广大，实行的都是郡县制。不过，这"天高皇帝远"，也一直是个大问题。

秦铜量器

为便于国家征收粮帛、物资及土木工程等的计算，秦统一了度量衡。外壁刻有秦始皇二十六年统一度量衡的 40 字诏书，为当年秦统一的标准量器。

○○三

战国的时候，因为天下分裂已经很久了，各国的文字书写变得很不一致。那时，一个"马"字，有的写成"馬"或"𢒾"，有的写成"𤰞"或"𩾇"，还有的写成"𠃬"或"𢇛"。又比如"安"字，竟有"𡨼"、"𡩁"、"𡩻"、"𡨢"、"𡩅"、"𡩀"、"𡨾"等七八种写法。统一以后，秦朝命令天下的文字书写，一律以秦国的"小篆"体为准；并对秦"小篆"进行了一番改革。

统一文字

秦统一中国后，秦始皇下令统一和简化文字，以秦的字体为规范，对六国文字加以整理，将繁难的大篆省改为小篆。秦始皇还倡导了另一种书体——隶书(即秦隶)，隶书笔画方折平直，比小篆简化，书写更为简便。此图是统一前后"马"字的写法。

国名	秦	楚	燕	齐	赵 魏 韩
统一前"马"字的不同写法	馬	馬	𤰞	𨾴 𨾴	𠃬 𠃮
统一后秦篆"马"字的写法			馬		

〉历史文化百科〈

〔统一交通规制，统一文字〕

秦始皇统一六国之后，着手制定并实施统一交通规制和文字，为了巩固国家的统一。统一交通规制，即是规定车轴上两个轮子间的距离，一律都定为6尺（约合1.5米），另外还修筑从京城咸阳到全国各个重要地方的大路，路面一律宽50步（每步6尺），由此加强了中央与各地的联系，畅通了商业贸易和文化交流。统一文字，即以周朝大篆为基础，汲取战国末期诸国文字的优点，创制了被后人称为"小篆"的新文字，并作为官方文字在全国推行。统一交通规制和文字在当时称为"车同轨，书同文"。

统一文字

秦朝命令天下的文字书写，一律以秦国的"小篆"体为准，并将秦国的小篆字体简化。以后又出现"隶书"体文字，书写更为方便。

改革后的小篆，字体固定了，也简化了。那时候，李斯写了《苍颉篇》，赵高写了《爱历篇》，胡毋敬写了《博学篇》，用作学童的识字课本。不过，这种新字体，写起来还是很不方便。后来，又出现了一种"隶书"体，写起来很方便，就在社会上通行起来了。

"隶书"体的流行

这种隶书，据说先是由一个叫王次仲的人创造的。王次仲是个很有学问的人，而且很擅长书法。他对做官发财都没有兴趣，一直隐居在山里。后来，嬴政看到了王次仲创造的隶书，很欣赏，几次派人请他

秦始皇的专用御道——秦直道遗址
这是位于陕西古杨村的秦直道遗址。公元前210年修筑，当时共有七条大道，最长的达一千八百里，非常壮观。

公元前 219 年

世界大事记

汉尼拔攻占罗马盟邦萨干坦，并开始远征意大利。

《史记·秦始皇本纪》《水经注》卷十三《书法正传》卷七

逆境　革新

程邈

人物　关键词　故事来源

出山，可王次仲都不答应。嬴政很生气，又没有办法，就命令一个叫程邈的人，对王次仲所创的隶书进行了改造。当时，程邈因为犯了法，正关在牢里。他戴罪受命，很想将功补过，殚精竭虑地在牢里钻研了十年，终于把王次仲的隶书完善了，共三千个字。嬴政对程邈的工作很满意，就提拔他做了个御史。这在当时可不是个小官。

其实，光凭王次仲和程邈，是创造不出隶书的。秦朝统一后，各级官府要处理的事情很多，也很急，文案堆积如山，记录和抄写的工作很繁重。这些工作都是由官衙里的徒隶做的。许多徒隶并不认识字，只会依样画葫芦。画得快了，字的笔画和形状都会变，字体也趋于简单。久而久之，就自成一体，并且流传到社会上。王次仲一定看到过不少徒隶们画出来的字。程邈长期在官府里做事，看到的当然就更多。他们也许就是把徒隶们画出来的那些字，改得更规范些。

隶书比篆书写法简单了许多，因此能在社会上通行。自古以来，我国各地区方言方音的差别很大，不同地方的人，很难通过语言进行交流。隶书的通行，使各地的文化传播和交流，获得了很大的便利；而国家法律政令的传达，也变得方便了。

形如工艺品的车马器——秦金当卢

金当卢是车马器，为铜车马的部件。高9.7厘米，宽4.75厘米，厚0.2厘米。陕西省西安市临潼秦始皇陵园出土。金当卢位于马额中部偏上，即鼻革和额革部位的交接处，作叶状，上端呈圆弧形，下端呈尖角状，两侧呈连弧形。正面所铸的纹样是：曲弧形的边缘，内侧为凸起的边栏，有细线勾画出的流云纹，正面的周边有突起的状似流云纹的边饰，中部为两条虬纹左右相对组成的类似蝉纹的浅浮雕的单独纹样。背面铸有四个纽鼻，两两相对，可和上下左右的链条相接。当卢既起装饰作用，又起节约作用。背面有铭文"十介"（十六）二字。

> 历史文化百科 <

〔丞相〕

战国时，各国设立相职，称"相"、"相国"、"丞相"。楚国的"令尹"，也是相职。齐国、秦国都曾设左、右丞相。秦统一天下后，仍设左、右丞相；右丞相位尊。丞相是朝廷百官之长，仰承君命，治理国家。

西汉初，相职不分左右。其时，萧何为丞相。后萧何设计诛灭韩信，为汉朝立了大功，然已官居极品，无以复加。于是，刘邦改丞相之名为相国，以隆萧何之地位。萧何死后，曹参为丞相，仍名相国。吕后时，复设左、右丞相。汉文帝时，又改为一丞相。

〇〇四

焚书

为禁锢人民的思想，秦始皇接受李斯的建议，下令焚毁六国史书和民间所藏《诗》、《书》和诸子百家语，只允许保留医药、占卜算卦的书和农书。

博士淳于越"以古非今"

公元前213年，嬴政在咸阳宫举行盛大宴会。当时参加宴会的，除了朝廷的文武大臣，还有七十个博士。宴会上，仆射周青臣向始皇帝敬献了他的颂词。颂词的大意是说，秦国过去不过方圆千里，而今海内平定了，始皇帝犹如日月，光芒普照；六国的土地，如今已是秦朝的郡县，人民安康幸福，再也不会受战争祸害；秦朝的天下，从此也可以一代一代地永远传下去了。

听了周青臣的赞美，嬴政喜不自胜。但与会的一个名叫淳于越的博士，听了周青臣对始皇帝的这一番奉承，却怎么也坐不住了，起身大唱反调。他说："商朝和周朝，统治了千余年，是因为把子弟和功臣封为诸侯王，由他们来辅助王室。现在四海之内都是皇帝陛下的，可皇帝的子弟却是什么也没有的'匹夫'。如果有一天，国家出现了像昔日的田常、六卿那样的乱臣，要篡夺国君的权力，却没有人来保驾，秦朝的江山怎么能够保得住呢？治理国家，不仿效古代的做法，要想长治久安，还从来不曾听说过呢！如今的事，明明是皇帝做错了，周青臣却一味地歌功颂德，这是要加重皇帝陛下的错误。可见他不是个忠臣。"

> 历史文化百科 <

〔秦汉时期的畜牧业分布〕

秦汉时期的畜牧业区和半农半牧区大致在长城沿线及其西部与北部地区，西南夷地区也有分布。黄河、淮河、长江和珠江流域等广大地区，畜牧业仅作为农业的补充，在经济结构中不占主导地位。

李斯建议焚书

嬴政听了淳于越的话，好像被人当头浇了盆冷水，心里非常生气，但仍不动声色，只是叫大臣们对淳于越的话发表意见。丞相李斯于是跳了出来，说过去五帝治理国家的办法都不一样，夏、商、周三代也是如此；时

焚书坑儒

公元前213年，秦始皇接受李斯的建议，下令焚书，除《秦记》、医药、卜筮、种树之类书籍之外，许多古代典籍付之一炬，其中六国史籍损失最大。故司马迁说：秦"烧天下《诗》《书》，诸侯史记尤甚"。焚书的目的，就是禁绝一切异端思想。焚书的结果，引起士人诸多不满，因而又演变成坑儒事件。460余名儒生被活埋在咸阳。此图出自《帝鉴图说》。

公元前 218 年

世界大事记

罗马通过立法，不准元老院议员拥有
过大船只，以防其从事工商业。自此，
罗马元老院议员多购置田产。第二次
布匿战争开始。

淳于越　专制
李斯　　恶行

《史记·秦始皇本纪》
《史记·李斯列传》

人物　关键词　故事来源

代不同了，治理国家的办法自然会发生变化。皇帝陛下开创了大业，建立了不朽的功勋，这可不是那些愚蠢的儒生们能懂得的；淳于越讲的那些上古三代的事，并没有什么可以值得效法的。李斯还说道，过去诸侯们你争我夺，用优厚的报酬请来那些讲学的人，跟他们讨论治国之道；如今天下安定了，法令由国家来制定，读书人就该学习国家的法令，知道什么该做，什么不该做；但他们就是不愿学习国家的法令，偏要说古代如何如何，当今的制度又是多么比不上古代，把老百姓都搞糊涂了。

李斯越讲越亢奋。也许他此时已经摸准了始皇帝心里在想些什么，要投始皇帝所好。也许他根本就认为始皇帝并不如自己看得清楚，正要借这个机会给始皇帝好好上一课。秦统一天下，李斯自认为是立了大功的，他也想借此机会表演一番，好让人家知道他对秦朝有着怎样的一番苦心，希望以此来提醒大家不要忘了他的莫大功劳。此时，他的作派，完全就像是始皇帝的代言人，话也收不住了。他提出，现在天下统一了，是黑是白应该有个一定之规，但读书人就是自以为是：国家的法令一公布，他们就出来说长道短，使听的人坏了心术，流传开来就形成了舆论；还专门在皇帝面前讲一些耸人听闻的话，表示自己不同凡响，又故意发表一些奇谈怪论，煽动人们诽谤朝廷；朝廷如果对这样的事情都不加以禁止，皇帝的权威就要下降，坏人就会结成党羽。

讲完了这番话，李斯向始皇帝建议：史官藏书，除了秦国的史记，其他的一律烧掉；除了博士官，凡是家藏的《诗经》、《尚书》和诸子百家语，一律在三十天内送缴官府烧掉，只保留医药、占卜算卦的书和农书；私藏禁书的，一律作为犯人，送去修筑长城；聚在一起谈论《诗经》和《尚书》的人，一律杀了示众；凡是用古代的事例来批评秦朝法令的人，要把他们的

最早的一部编年历史书籍原物

湖北云梦出土，共53枚，亦称《大事记》竹简，简文为墨书秦隶，共550字，主要内容是逐年记载的自秦襄王元年至秦统一中国的历次战争等大事，另外还记载了一些类似年谱的资料。为研究秦代军事、政治以及历法等提供了宝贵资料。

亲族也一起杀掉；官吏对上述各种犯罪行为如果知情不报，要受到同样的惩罚；禁止民间讲授学问。

李斯的这些建议，果然合乎始皇帝的心意，马上就下令实行了。于是，我国古代许许多多的珍贵典籍，就此被无情的大火烧成了灰烬。其中最为可惜的，是六国的史籍。这些史籍，原本为六国的史官所记，深藏于宫中，很少有流传到民间的。烧掉之后，也就从此绝迹。至于《诗经》、《尚书》和诸子百家语，向来民间流传很广，就有一些被偷偷地藏起来，躲过了大火。而由秦朝博士官收藏的这一类书，据说后来项羽入咸阳，烧秦朝的宫殿，大火三月不熄，也都一起被烧掉了。

> **历史文化百科**

〔御史大夫〕

秦朝设置的御史大夫一职，主要是掌管朝廷机要文书和图籍、处理大臣章奏、监察朝廷和地方事务。西汉时，仍设御史大夫，职责略同于秦，有御史府。西汉监察地方事务，最初是不定期地派遣御史到地方，后设专职的刺史。刺史监察地方，受御史大夫监督。

公 元 前 2 1 7 年

中
国
大
事
记

湖北云梦睡虎地十一号汉墓墓主于是年下
葬，随葬有大量法律文书竹简，1975年出
土。其中《大事记》为我国最早的年谱。

《史记·秦始皇本纪》

方士　残忍
儒生　恶行

人物　关键词　故事来源

○○五

坑儒

秦始皇的所作所为，往往引起儒生们的议论。秦始皇认为这些议论，有碍秦朝统治，于是活埋了四百多名敢于发泄不满的儒生。

方士逃遁

方士卢生、侯生，因为寻找不到始皇帝要的仙人仙药，心里害怕，担心总有一天会被始皇帝杀掉。在散布了对始皇帝的种种不满之后，他们终于跑得无影无踪了。嬴政听说这两个人跑了，还说了自己许多的坏话，不禁大怒，说："我先前收缴了天下无用的书，把它们都烧掉了。然后，我又召来了许多读书人和方士，想用他们来帮我治平天下，为我寻求不死仙药。现在，韩终一去不回，徐市等人花费了数不清的钱财，到底也没有求到仙药。不断有报告，说他们营私舞弊。对卢生他们，我历来赏赐甚厚，如今他们也说我的坏话。我查过了，那些在咸阳的儒生，其中也有人在造我的谣言，搞得人心不稳。"

坑儒焚书图（左页图）

儒生遭殃

奇怪的是，事情的起因是方士，最终倒霉的却是儒生。嬴政下令，让御史把在咸阳的儒生一个个抓起来，然后严刑逼供。可怜这些文雅的读书人，细皮嫩肉的，哪里经受得住御史的酷刑，只好互相揭发。最后，有四百六十个儒生被判死罪，全都在咸阳被活埋了。然后，朝廷布告天下，算是对天下读书人的一个警告。

此后，嬴政还是相信方士，不断地寻仙问药。而天下的读书人，却彻底地沉默了。

秦一号铜马车——秦始皇出行专用车
1980年陕西临潼秦始皇陵西侧出土。大小比例为真车的二分之一，虽深埋地下两千多年，各转动部分仍很灵活，为我们提供了秦车的实物证据。一号铜马车应该是秦始皇出行时的前导车。

〇〇六

集六国建筑于咸阳

嬴政有一极大的嗜好，就是对建筑的迷恋。在统一六国的战争中，秦国的军队每消灭一个国家，嬴政都要叫人把那个国家的宫室图绘下来，在咸阳渭水北岸起伏的坡

地上天堂

嬴政一生迷恋于建筑，人民为此付出了极大的代价。不知有多少人，被活活累死，而他们的聪明才智，也被浪费在嬴政的这种嗜好上了。

地上依样建造。前前后后一共建造了一百四十五所，里面住满了从六国掳掠来的美女。统一之后，嬴政更是大兴土木。他先是在渭水的南面为自己营建信宫。信宫又称极庙，或称咸阳宫。它的建筑布局，大致是按照天上的星宿排列的：正中的宫殿正对着天上的北极星，称营殿，象征着二十八星宿之一的营室星座；皇帝居住的禁宫称紫宫，象征着紫宫星座，它是中国神话传说中天帝的居室；引渭水从宫殿穿过，象征着银河，河上架桥，象征着牛郎星。

难以想见的阿房宫

公元前212年，因为嫌咸阳的宫殿太小，嬴政又下令在长安的西南建造朝宫。朝宫的前殿，就是著名的阿房宫。阿房宫东西长五百步，南北宽五十丈，庭中可坐一万人，大殿上可以竖起五丈高的旗杆。宫殿的大门是用磁石做的，有了它，就可以防止有人暗藏铁兵器入宫行刺。宫门前立着十二个铜人，各重二十四万斤。它们是秦朝统一后，用收缴来的民间兵器熔铸的。

层峦耸翠阿房宫（清·无名氏绘）
这幅《阿房宫图》是清代画家根据唐代杜牧的《阿房宫赋》描写的内容再加上自己的想象画成的。画中虽然层峦耸翠，重楼叠阁，终难再显阿房宫宏大原貌之万一。

公元前 216 年

世界大事记

汉尼拔于堪尼打败罗马军，约六万人被歼。迦太基与马其顿、锡腊库札缔结同盟。

《史记·秦始皇本纪》

始皇帝　享乐　浮华

人物　关键词　故事来源

从阿房宫的正殿，到离它不远的南山，有一条阁道。阁道通向南山之巅，它的尽头，是顺着山势修建的阿房宫阙。由阿房宫向北，一直到咸阳，还修建了一条两边筑墙的甬道。它隔着河，把阿房宫与咸阳连接起来。这样的建筑布局，也是要象征北极、阁道、银河与营室等星宿的排列。

嬴政一生迷恋于建筑，人民为此付出了极大的代价。那时，全国人口约为两千万，而为嬴政建造宫室的，前后共计约七八十万。他们中不知有多少人，是被活活累死的，而他们的聪明才智，也被浪费在嬴政的这种嗜好上了。

>历史文化百科<

〔自报田产〕

战国以来，赋税沉重，人民往往以种种方式隐瞒田产。公元前216年，秦始皇下令，"使黔首自实田"。"自实田"，即如实申报田产。但实际上，国家已规定了申报的最低限额，作为征税的根据。西汉也采取这样的制度，限额为每户百亩。那时，百姓哪怕只有三十亩地，也必须按一百亩纳税。让人民"自实田"，省去了清查田产的大量工作，其前提是国家必须牢牢控制户口。

阿房宫遗址

秦始皇统一六国后，兴建阿房宫，为双层建筑，气势雄伟，这可从杜牧的《阿房宫赋》略见一般。因规模宏大，秦灭时尚未完工，为兵火焚毁。遗址位于今陕西省西安市西郊三桥镇，为一长方形夯土台基，是研究秦代建筑的重要史料。

重楼叠阁的秦咸阳宫一号宫殿模型

秦咸阳宫一号建筑遗址于1974—1975年发掘。基址东西长60米，南北宽45米，台基高出地面6米。分上下两层，上层正中为主体殿堂，东西长13.4米，南北宽12米。南北墙各辟二门。中央有直径60厘米的柱础遗迹，地面涂朱红色，殿堂东侧与卧室相连，卧室内有壁炉设备。台基底部四周有回廊，廊下铺砖。台上台下均有排水设施。建筑墙壁原绘有壁画，现已剥落，内有人物、动物、车马、植物、建筑、神怪和各种边饰。色彩有红、黑、白、紫红、石黄、石青、石绿等矿物颜料。出土了大量砖瓦、陶水管和铜、铁、陶类生活用具。

○○七

地下宫殿

建造死后的天堂

赢政一生中，除了不断地为自己建造地上的天堂，也从不曾忘记为自己建造死后的天堂。早在他即位之初，就开始在骊山为自己建造坟墓了。

骊山始皇帝陵，东西8500米，南北7500米，到处是高大的宫殿建筑，还有巨大的兵马俑群。始皇帝的墓室，高达120米，周长1390米。墓室的底座，是用熔化的铜液灌注的。整个墓室的构造，同样是上具

早在赢政即位之初，就开始在骊山为自己建造坟墓了。这座庞大的地下宫殿，前后动用了七十万个劳力，造了三十余年。

天文，下具地理。墓室里，仍旧排列着文武百官的位秩，象征着始皇帝继续统治着他的帝国。人鱼膏制成的蜡烛，照亮了整个墓室。据说，这种特制的蜡烛，用很久都不会熄灭。稀世的珠玉珍宝，在这烛光的照耀下，闪烁着奇异的光芒。用水银灌注的江河大海，通过备极机巧的机械装置，居然能够流动起来。为了防备盗墓者入侵，墓室里还设置了机关。稍一触动，暗箭就会射出。

始皇帝陵在建造完工之后，全部都用黄土封埋，堆成了一座山，只在墓门前留出一条通道，等待着始皇帝的最终到来。这座庞大的地下宫殿，前后动用了七十万个劳力，造了三十余年。

整装待发的兵俑
这是秦俑一号坑的陶马、战车和士兵，车已散落，人与马健在。看得出来，这是整装待发的那一刻。

前215年 公元前215年

世界大事记

罗马派兵阻止马其顿王腓力五世增援汉尼拔，第一次马其顿战争开始。

《史记·泰始皇本纪》

荒淫 残忍

始皇帝

人物 关键词 故事来源

明·无名氏绘《阿房宫》图局部

惨绝人寰的陪葬

公元前210年九月的一天，当嬴政已经腐臭了的尸体，被送进他为自己建造的这所坟墓时，他养在后宫里的那些尚未生子的宫女们，在士兵的押解下，都被迫成为他的陪葬。这些可怜的女子的青春和生命，竟是这样的微不足道。许多长年修墓的工匠，在完成最后的工作，正准备离开时，军队又抢先关闭了墓门。很难想象，他们最终窒息而死时的惨状。据说，把他们活活地关死在里面，是因为他们熟悉墓室的各种机关，恐怕他们活着出去，会泄露墓中藏宝的秘密，引来盗墓者。

始皇帝陵通向墓门的通道，最后也被黄土封埋了。陵上植树种草，岁岁枯荣，神秘而阴森。

秦始皇兵马俑一号坑全景

> 历史文化百科

〔泰山封禅祭天地〕

春秋战国时，齐、鲁之人视泰山为天下最高的山，以为人间的帝王，应该到泰山拜祭天地，称为"封禅"。"封"是在泰山上祭天，"禅"是在泰山下的梁父山祭地。《史记·封禅书》上说，齐桓公做了中原盟主，想去泰山行封禅礼，但管子反对，认为桓公不够资格。齐、鲁传说中，古代曾有七十二个帝王"封泰山，禅梁父"。封禅的传说影响深广。秦朝统一后，始皇帝曾举行封禅典礼。西汉时，武帝的封禅典礼场面非常盛大。

〇〇八

求仙

为了长生不死，始皇帝自称"真人"，并派方士到处求仙问药，耗费巨资，却一无所获。

徐市入海不归

公元前219年，嬴政东巡到海。在琅邪，方士徐市对始皇帝说，那里的海上有三座神山：一座叫作蓬莱，一座叫作方丈，一座叫作瀛洲，上面住着神仙。徐市请求始皇帝，让他带着童男童女，到这三座神山上去寻访仙人和不死仙药。嬴政相信了徐市的话，派了几千童男童女，跟他坐着楼船入海求仙去了。

徐市大概并不是要哄骗始皇帝。古时候，中国东部滨海地区，迷信盛行。那里的人民，是真的相信海上有神山，山上有仙人，仙人有不死仙药。徐市说的那三座神山，其实是当地的民间传说。据传，它们就

在渤海中，离海岸并不远。山上的禽兽和植物，都是白色的。仙人居住的宫殿，是用黄金和白银修筑的。三座神山，远望过去，像云一样悬浮着。但是一旦走近，它们就会沉入水中。再靠近，大风就会把船引往别的方向。

卢生、侯生逃跑了

徐市入海，很久没有音信。四年后，嬴政再次东巡，到了河北碣石山。因为求仙心切，他又派了方士

威武的军俑
秦始皇陵墓虽然没有打开，但周边的兵马俑已经破土而出，向世人展现了统一中国大军的阵容，也让人想起"秦王扫六合，虎视何雄哉"的诗句。

震撼人心的秦始皇兵马俑

>历史文化百科

〔阴阳五行说〕

　　中国自古就有这样一种观念，即天地万物及其相互作用，都有阴阳两个方面。在阴阳家看来，是阴阳互动产生了宇宙的一切。阴阳家的学说，以后又增加了五行的内容，称阴阳五行。所谓五行，将自然界的物质形态，分类为水、火、金、木、土。这是中国的一种古老的观念。但到了阴阳家那里，五行被赋予神秘的意义，不仅与四季四方配合一致，而且具有"德"的含义：冬为北，水德；夏为南，火德；春为东，木德；秋为西，金德；春夏之交为中，土德。

入海求仙

秦始皇渴望长生不老，方士声称海中有三神山蓬莱、方丈、瀛洲，上居仙人。齐人徐市上书，请求率童男童女入海求仙。但徐市一去不复返，有人说到了日本，那些童男童女成了日本人的祖先，这是一个千古之谜。此图出自《帝鉴图说》。

卢生，去寻找另外两个仙人。他们一个叫羡门，一个叫高誓。不久，方士韩终、侯公和石生，也被派出去寻找仙人和不死仙药。

　　卢生入海求仙，很快空手而归。他大概是有点心里发虚，就跟始皇帝说一些神啊鬼啊的事情，弄得嬴政半信半疑。卢生还献上一本鬼神图符，上面有一句谶语："亡秦者胡也。""谶"就是对凶吉的预言。嬴政是个很迷信的人，很相信这种东西。他认定"亡秦者

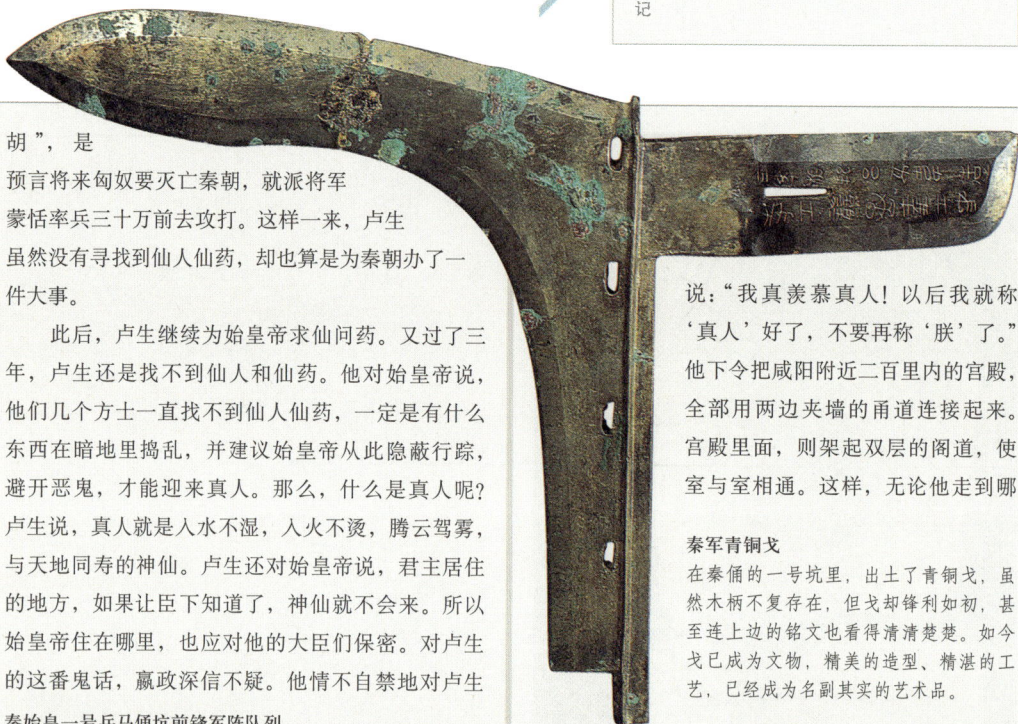

胡"，是预言将来匈奴要灭亡秦朝，就派将军蒙恬率兵三十万前去攻打。这样一来，卢生虽然没有寻找到仙人仙药，却也算是为秦朝办了一件大事。

此后，卢生继续为始皇帝求仙问药。又过了三年，卢生还是找不到仙人和仙药。他对始皇帝说，他们几个方士一直找不到仙人仙药，一定是有什么东西在暗地里捣乱，并建议始皇帝从此隐蔽行踪，避开恶鬼，才能迎来真人。那么，什么是真人呢？卢生说，真人就是入水不湿，入火不烫，腾云驾雾，与天地同寿的神仙。卢生还对始皇帝说，君主居住的地方，如果让臣下知道了，神仙就不会来。所以始皇帝住在哪里，也应对他的大臣们保密。对卢生的这番鬼话，嬴政深信不疑。他情不自禁地对卢生

秦始皇一号兵马俑坑前锋军阵队列

说："我真羡慕真人！以后我就称'真人'好了，不要再称'朕'了。"他下令把咸阳附近二百里内的宫殿，全部用两边夹墙的甬道连接起来。宫殿里面，则架起双层的阁道，使室与室相通。这样，无论他走到哪

秦军青铜戈

在秦俑的一号坑里，出土了青铜戈，虽然木柄不复存在，但戈却锋利如初，甚至连上边的铭文也看得清清楚楚。如今戈已成为文物，精美的造型、精湛的工艺，已经成为名副其实的艺术品。

>历史文化百科<

〔秦、西汉人口〕

战国中期，人口约二千六百万。长期的兼并战争，造成人口大量死亡。秦初，据最严重的估计，人口只不过一千二三百万。但也有研究表明，秦初人口约二千万。

秦朝的暴政、秦末战争和楚汉战争，导致人口大量死亡。汉初人口仅一千三百万左右。经过休养生息，到了汉文帝时（前179－前157年），人口已增至2500万。而西汉达到人口高峰，为六千五百万。

里，都只有几个亲信的宦官知道。有一次，嬴政在梁山宫，看见丞相李斯从山下走过，随从的车马很多，就不高兴地讲了几句。过了些时候，他发现李斯的随从车马少了，马上意识到身边有人暗中与李斯通了消息，并泄露了自己的行踪。大怒之下，他马上派人追查，却又查不出个结果。于是，他就下令把那天在场的人，全部抓起来杀掉了。从此以后，他的行踪更加诡秘了。

时间一天天地过去了，可是仍没有仙人为始皇帝送来不死仙药。卢生担心自己总有一天会被始皇帝杀掉，就与方士侯生一起，暗地里散布对皇帝的不满。他们说始皇帝残暴，弄得朝廷里没有人敢说真话；又说始皇帝把权力都抓在自己一个人手里，心里只有权势，像这样的人，是不可以为他求仙药的。

在说了始皇帝的许多坏话后，卢生、侯生就逃得无影无踪了。

秦俑之跪射俑正面（右图）
制作极为精工，人物动作自然生动，面部、手部连纹理都清晰可见。身上的铠甲逼真之至，片片连接，随身躯自然错落。

〇〇九

"今年祖龙死"

秦朝的一位使者，竟在途中遇到一神秘的人物，声称："今年祖龙死。"嬴政为此忧心忡忡。

天下人盼始皇帝死

嬴政当上了皇帝，就想着要长生不死，到处派人访仙问药。可那时普天下的人，都盼着他快死。

公元前211年，在秦朝的东郡，大白天居然从天上掉下来一块陨石。而当人们找到这块陨石时，竟发现上面刻了"始皇帝死而地分"几个字。意思是说，这始皇帝要死了，天下也要分裂了。

嬴政得知这个消息，立即下令搜捕刻石的人。结果人没有抓到，嬴政一怒之下，竟下令把居住在那块陨石周围的人都杀掉。从以后，他的心情变得很坏，觉得自己的死期就要降临了。他叫博士们为他写了"仙真人诗"，每到一处，都要让乐人们为他奏乐诵唱。他日思夜想的，就是仙人会突然出现，给他带来不死仙药。这个统治了人间还不满足，又要统治神界的皇帝，因为怕死，对仙人总是表现得十分谄媚。

这一年的秋天，一个外出的使者回到京城咸阳。他告诉始皇帝，他在途中曾遇到一个奇人，此人对他说："今年祖龙死。"使者想要追问个究竟，可此人不再言语，留下一块玉璧就一下子不见了。

秦王出行的轻快仪仗车队

何处是"蓬莱"

听了使者的报告，嬴政沉默了很久，然后对身边的人说："这是山鬼，能够预见到一年中将要发生的事情。"他害怕极了，担心自己真会在这一年中死去。他又叫人把那块玉璧拿来看。没想到的是，这玉璧，正是他当年在湘山祠渡江时沉入水中的。他感到大事不好，就叫来了方士，让他们为自己算一卦，看看还能不能找到一个逃生的办法。卦象显示："游徙吉！"这又是什么意思呢？嬴政想，这一定是示意他继续外出巡游，继续迁徙人口，如此才能逢凶化吉。他准备一切都按这卦象上显示的

公元前 212 年

世界大事记

罗马军队征服与迦太基结盟的锡腊库札，基本控制了西西里地区。

《史记·秦始皇本纪》

始皇帝　昏庸
徐市　　愚蠢

人物　关键词　故事来源

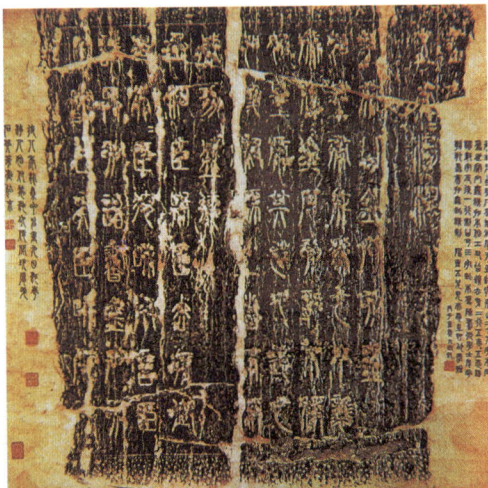

琅琊台刻石记述秦始皇功业

此碑为秦始皇二十八年巡行天下，南登琅琊时所立，内容是歌颂秦德者。原石还存在山东诸城海神祠内，但始皇颂诗及从臣诸名已剥落，尚存二世从官名和诏书十三行。书体是典型的小篆，以曲绿为主，字体皆为长方，笔书粗细如一，显现雍容典雅之风格。

去做。不久，嬴政一声令下，居住在榆中的三万户人家，就被迁徙到别的地方去了。活过了这一年，嬴政又于公元前210年，带着军队和大臣们，开始了他这一生中的第五次巡行。

这第五次巡行途中，嬴政再一次来到琅琊这个地方。在琅琊，他见到了多年来一直为他入海

求仙的方士徐市。徐市没有寻访到仙人仙药，害怕受到始皇帝的惩罚，就谎称蓬莱岛上确实有仙人仙药，只因海上有大鲛鱼阻拦，船无法靠近蓬莱。他向始皇帝建议，多派弓箭手，用一种大弩去射杀那些大鲛鱼。

徐市的话，重新激起了嬴政对寻求仙药的希望。那天晚上，他居然梦见自己与海神大战。而跟随他左右的那些唯唯诺诺的博士们，则一味地顺从他的心思，建议他尽快发兵去除掉那海中的恶神而迎来善

泰山刻石封禅

公元前219年，秦始皇第二次东巡时登临泰山，举行封禅大典，勒石颂德。刻辞书体相传为李斯手书，是秦代的重要文献，传世拓本以北宋拓本最全，此为明拓本。

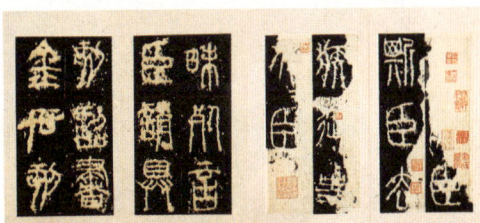

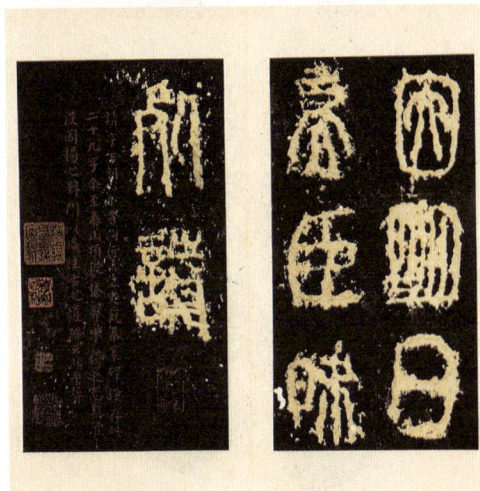

神。在这些人的鼓动下，嬴政亲自率领了大批弓箭手，驾大船从琅琊出发，驶向广阔的海面。但是，大海茫茫，他们到哪里去寻找恶神呢？他们航行在海上，一直到了劳成山，

刚出土的秦俑

刚出土的秦俑都是身首异处，七零八落的，文物工作者以极大的耐心和技艺，把他们一点点复原。

秦代军队服饰（左图）

兵马俑的雕塑手法极为写实，人物神态自若，表情栩栩如生，从这里可以清楚地了解秦代军队的服饰。秦代出土的兵俑分为军俑、军吏俑、骑士俑、步兵俑、驭手俑等，铠甲服饰装束表现出森严的等级制度。这是一个跪射兵俑。

却什么都没看见。然后，他们又驶向之罘。就在之罘的海面上，他们终于看到有巨鱼在海水中出没。弓箭手们用大弩向这些巨鱼不断地射击，并射杀了一条。可是，他们要找的蓬莱到底还是没有找到，那善神也不曾出现，而徐市却已逃之夭夭了。

《史记·秦始皇本纪》
《史记·李斯列传》

胡亥　赵高　李斯

谎骗　狡诈

鲍鱼乱臭

人物　典故　关键词　故事来源

扣押遗诏

始皇帝病死沙丘

赢政终于在巡游途中病死。而胡亥、赵高和李斯，则秘密地策划着一场更立皇位继承人的阴谋。

船队在之罘登陆，赢政率领着他的巡行队伍，开始向西行进。到了山东平原津（今山东平原县南），他终于病倒了。这时，他已失去了理智，决不允许任何人跟自己谈死。随行的大臣都深知这一点，继续唯唯诺诺，眼睁睁地看着他们的始皇帝病情一天天加重。等到赢政自己也感到死亡之神确实已经降临时，他已经来不及为自己安排后事了。紧急中，他发出了召回皇子扶苏的信，要扶苏迅速赶回咸阳，为他准备后事。他万万想不到的是，这封信竟然被自己的中车府令赵高秘密地扣押了。

赵高虽然是个宦官，却曾经是始皇帝的小儿子胡亥的老师。他深受胡亥的信任，希望胡亥能继承皇位，自己也可以从此位极人臣。对太子扶苏，赵高是很惧怕的。因为扶苏信任的人是将军蒙恬，蒙恬的弟弟蒙毅则是他赵高的仇人。赵高一直担心，一旦扶苏继承了皇位，蒙家的人将要对自己不利。现在，对赵高非常有利的是，扶苏因为一度惹恼了始皇帝，被赶出京城，如今正在蒙恬那里任监军。这次始皇帝出巡，恰恰就把少子胡亥带在身边。他知道，只要扣住始皇帝召回皇子扶苏的信件不发，只等始皇帝驾崩，他就可以伪造一份始皇帝遗诏，立胡亥为皇帝。皇帝的玺印就是由他赵高保管的，要伪造一份遗诏是十分容易的事。

秦代苛政的见证（上图）
铁钳铁桎是秦代的刑具，分别戴在刑徒的颈上和脚上，出土这些刑具的地址，为始皇陵石料加工场，是打制石料的刑徒所戴的刑具。

秦代铜武士头
此器高11厘米，宽7.5厘米，重820克。咸阳市渭城区窑店出土。

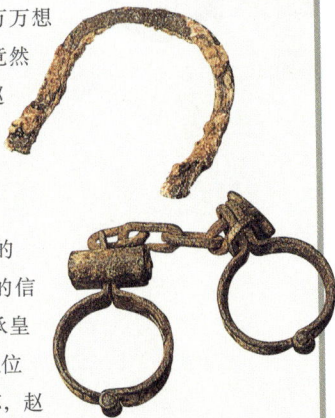

秦二号铜车马——秦始皇出行专用车

二号铜车马叫安车，因乘坐这种车辆安稳舒适而得名。车厢顶部有穹隆状的椭圆形车盖，车厢内宽敞可任人坐卧凭依，御者的位置在车厢之外。车厢窗栏隙密布缕孔网眼，一来可以使车内看到车外景物，二来缕孔网眼可以随意调节开合程度，从而调节车内温度。所以，安车又叫"辒辌车"。

秘不发丧

这一年的七月，重病中的嬴政，终于在巡游途中死于沙丘平台（今河北巨鹿县东北）。他是短命的，只活了五十岁。他死后，丞相李斯和赵高商量，说是回咸阳的路还很远，如果马上把始皇帝的死讯传出去，恐怕住在京城里的皇子们会乘机作乱，天下也可能有人乘机造反，所以必须对始皇帝的死严格保密。商定之后，他们把嬴政的尸体安放在他巡行时坐的车子里，车门紧闭，窗帷也遮得严严实实的。每到一个地方，几个亲幸的太监，仍旧像往常一样，往车子里递水送餐。而那些随从的文武官员们，则全都被蒙在鼓里，照常毕恭毕敬地在车外向始皇帝奏事。而车子里面，一个亲幸的太监正装成始皇帝，向外发号施令。

> **▶历史文化百科**
>
> 〔秦汉时期家庭室内陈设〕
> 秦汉时期室内陈设物品与日常生活有着密切联系，在类型上包括置物与储藏类用具、坐卧用具、御风防尘类用具和杂类器具。

天气炎热，嬴政的尸体开始腐烂发臭。赵高就说皇帝有诏，让每一辆车，都装上一筐鲍鱼。腥臭的鲍鱼味，弥漫在长长的队伍中，使人闻不出腐尸的臭气。而胡亥、赵高和李斯，正秘密地策划着一场更立皇位继承人的阴谋。

肃穆的背影（右页图）

这是秦始皇陵一号坑出土的将军俑的背面。通过这位将军，我们可以知道当时军官的发髻、装束。

秦始皇病死沙丘

始皇帝病死沙丘，赵高与胡亥伪造遗诏杀扶苏篡位的故事，在民间广为流传。此图出自元刻本《秦并六国平话》。

肃穆的背影

中国大事记

吴广为部将所杀。陈胜兵败，于途中为御者杀害。项梁、刘邦立楚怀王孙心为王，仍号楚怀王。胡亥、赵高杀李斯。项梁战死。

胡亥当皇帝

赵高暗示李斯，如胡亥当了皇帝，李斯因有拥立之功，可以继续做丞相。李斯于是与胡亥、赵高一起，伪造了始皇帝的遗诏。

伪造遗诏

始皇帝死了。但他仍像个活人那样，被载在车里，继续向西行进着。

对于胡亥想当皇帝，赵高心里是十分明白的。赵高是个非常阴险的人物，对旁人的心思，总是猜得很透。他既然敢于扣发始皇帝给扶苏的信件，当然也就敢于鼓动胡亥篡夺皇位。而胡亥似乎也对他的这位老师的心思非常清楚。一天，赵高毫无顾忌地对胡亥说："我们可以伪造一份始皇帝的诏书，杀掉扶苏，立你为太子。"胡亥听了赵高的话，禁不住喜形于色。赵高又对他说："这件事如果不取得丞相李斯的支持，恐怕做不成。"

在与胡亥商量过后，赵高就跑去找李斯。他对李斯说："始皇帝给长子扶苏的信和皇帝玉玺，现在都在胡亥手里掌握着。应该由谁来当太子，现在则是你我二人说了算。不知你对这件事有什么想法？"

李斯听了这话大吃一惊，说道："你怎么敢讲出这种亡国的话！我们是臣子，怎么敢来讨论这样的事情！"

赵高见李斯这样，并没有害怕，还是那样毫无顾忌。他问李斯："你好好想想，论才能、谋略、功劳和在扶苏那里得到的尊宠和信任，你有哪一点比得上蒙恬？"李斯说："我确实都比不上。"赵高说："既然比不上，扶苏一旦做了皇帝，一定是用蒙恬为丞相，你只好带着通侯爵印回老家去。"

接下来，赵高又大讲胡亥如何仁慈，如何厚道。言下之意，如果胡亥当了皇帝，李斯有拥立之功，可以继续做丞相。李斯私心重，权势欲又强，对此，赵高早已看得一清二楚。经他这么一说，李斯果然就接

秦"法丘左尉"军印

古代的实用印章发展到秦汉，进入了第一个鼎盛阶段。秦汉用于制印的文字称"摹印篆"，较战国文字规范而方整，有着和谐安详的美感，也更显灵动，但此印不是传统的上下序，而是按左右序的方法来读的。

扶苏冤死

扶苏被伪诏书所害，人们对扶苏的死表现出无限的遗憾，寄予他深切的同情。此二图出自元刻本《秦并六国平话》。

> ### 历史文化百科
>
> 〔女性头发的梳理和装饰〕
>
> 头发的梳理和装饰是汉代女性日常生活的重要内容。当时已经懂得对头发进行养护。编好的头发可用发胶固定。至迟在西汉末年，已经掌握了染发技术。未成年女性头发多梳成丫角状，成年女性的发型以发髻为主，按发髻的多少有单髻、双髻和多髻之分。

公元前209年

世界大事记

罗马军队大败汉尼拔。增援西班牙的罗马军队攻陷迦太基城。

《史记·秦始皇本纪》
《史记·李斯列传》

赵高　奸佞
李斯　权术

人物　关键词　故事来源

空前绝后的始皇帝陵（西安临潼）
秦始皇是一个非常有作为的君主，有千古一帝之美誉。这是他的陵墓，周边已经出土了被称为世界奇观的兵马俑。

受了他的建议，成了他和胡亥的同党了。于是，他们三个一起伪造了始皇帝的遗诏：立胡亥为太子；扶苏、蒙恬有罪，赐死。

扶苏自刎

再说扶苏和蒙恬，当时正带领着三十万大军，驻扎在咸阳以北约三百公里的上郡。当扶苏读完使者送来的那份伪造的始皇帝遗诏时，已是泪水纵横。这份伪诏上说，他与蒙恬不能为国家开拓疆土，还损兵折将；还说他屡次上书诽谤皇帝，对皇帝不立他为太子日夜怀恨，而蒙恬不仅不制止扶苏，还同谋策划。

读此诏书，扶苏顿感万念俱灰，百口莫辩。他没能再静下心来仔细想一想，而是走进自己的房间，准备遵从父命自杀。但蒙恬不甘心，觉得事出蹊跷，其中很可能有诈。他对扶苏说："皇帝在外巡行，一直没有立太子，让我带兵三十万，派你做监军，这是对你寄以重任。现在来了一个使者，你就要自杀，你怎么能肯定这封诏书就是真的呢！你还是上书核实一下，要真是如此，我们再死也不迟啊！"

扶苏伤心过度，不能自已。而那个使者又在一旁催逼，要他和蒙恬赶快自己了断。他心烦意乱，哪里

还能安下心来细想。他激动而又无奈地对蒙恬说："父亲要儿子死，哪里还有上书核实的道理！"说完就拔剑自刎了。蒙恬却说什么也不肯从命，结果被那使者关入了大牢。

远眺始皇帝陵
正值秋季，红叶绿野，远眺秦始皇陵，使得人们视野格外开阔，一代帝君就在这样宜人的境界中安睡了两千多年。

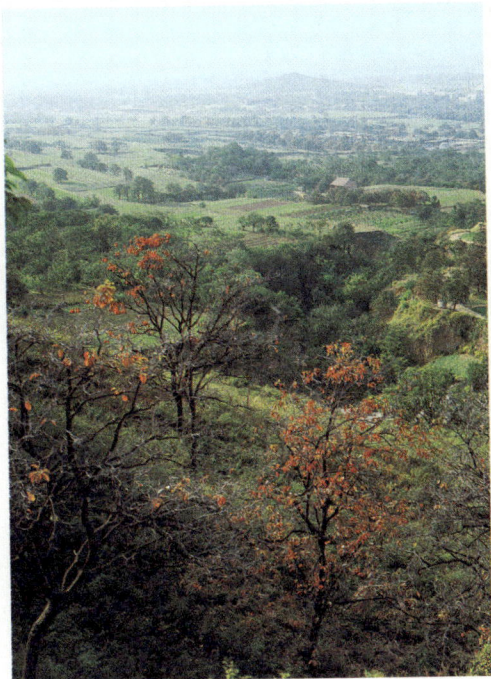

○一二

二世皇帝立杀威

胡亥做了皇帝，也学着始皇帝的样子，外出巡游，炫耀他这位二世皇帝的尊贵和威严。不过，他心里并不踏实，总觉得朝中大臣和郡县官吏对自己阳奉阴违，皇兄皇弟们也想着要夺取自己的皇位。

赵高用阴谋帮助胡亥篡夺了帝位，心里也有些发虚。他想，朝廷上的那些大臣，都来自名门大族，祖上世代都为国家建立过功勋。相比之下，自己不过是个身份低贱的宦官，靠了胡亥的宠幸，官居郎中令，

鞍马及牵马俑

秦代。1976年陕西省临潼秦始皇陵二号俑坑出土。牵马俑身着短战袍，铠甲无披肘。右手牵衔辔，左手半握，似有持物。马俑鞍鞯齐全，膘肥体圆，目光炯炯，可以想见昔日驰骋疆场的雄姿。

指鹿为马

赵高想除掉胡亥，独揽大权，于是上演了一场指鹿为马的丑剧。此后，朝中大臣没有不怕赵高的，而胡亥的死期也就要降临了。

掌管着宫中的警卫。朝中大臣表面上对自己很恭顺，内心却充满着鄙夷和愤恨。他知道胡亥的心思，也知道胡亥对自己言听计从，就怂恿胡亥先发制人，用血腥的屠杀来建立权威。胡亥听了赵高的话，觉得很有道理，于是凶相毕露。他杀了许多大臣和其他的官员。他的皇兄皇弟和皇姐皇妹，也差不多都被他杀了。一时间，宫城内外腥风血雨，大家都噤若寒蝉。

不久，陈胜、吴广起义爆发了，到处都有人响应。胡亥因为杀人太多，精神变得十分脆

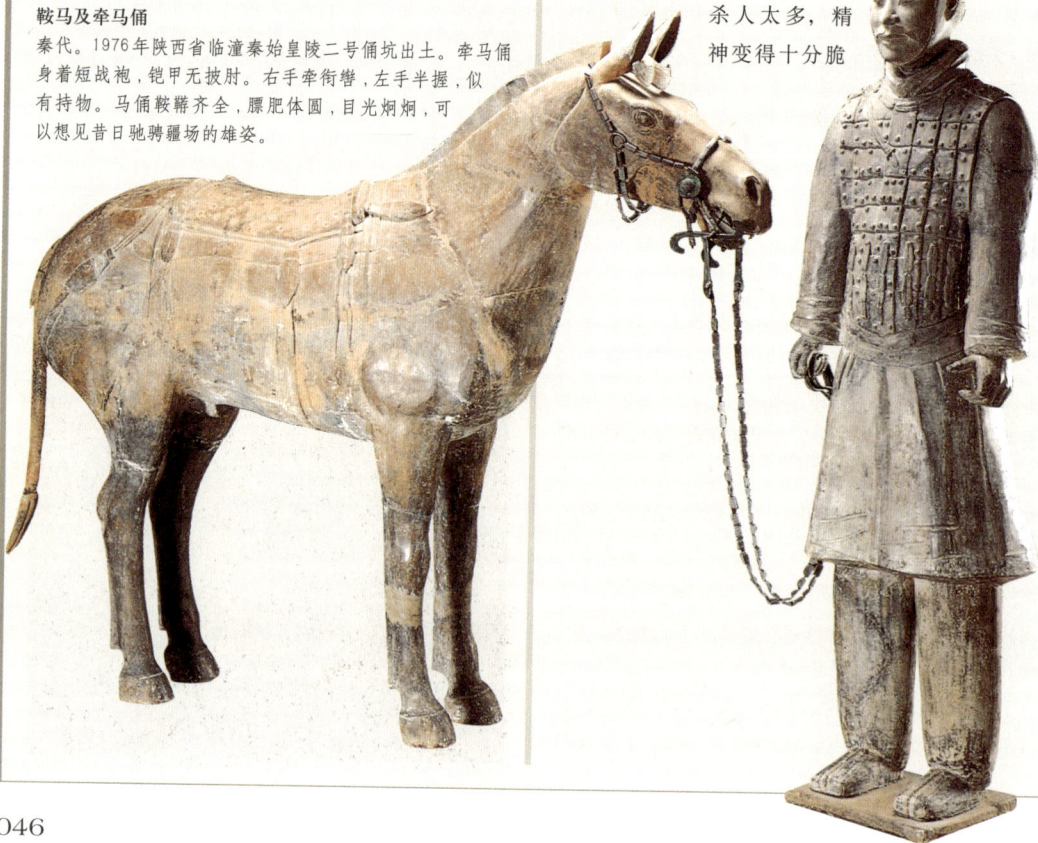

公元前 208 年

世界大事记

汉尼拔之弟哈斯德鲁巴在西班牙大败罗马军队，然后率兵进入意大利与汉尼拔会合。

《史记·秦始皇本纪》
残忍　昏庸　权术
指鹿为马
胡亥　赵高

胡亥　赵高
人物　典故　关键词　故事来源

赵高也希望胡亥永远不要知道真实的情况，又担心纸终究包不住火，就劝胡亥不要经常跟大臣见面。他对胡亥说："陛下年轻，刚做了皇帝，何必跟大臣们一起处理国事呢？万一讲错了话，就会给大臣们留下话柄的。"胡亥听信了赵高的话，很少上朝了，有事情都是跟赵高商量。

赵高指鹿为马

赵高的权力越来越大，胆子也越来越大。朝中大臣见不到皇帝，当然也就不能在皇帝面前说他的坏

弱，听到这种消息就觉得害怕。一次，一个派往地方视察的官员回到京城，把到处都有人造反的消息，告诉了胡亥。胡亥竟觉得此人是在造谣惑众，弄得朝廷上下人心不稳，就把他关进了大牢。这以后，派出去视察的官员回到京城，都不敢讲真话了。

鲁壁

据《汉书·艺文志》载，汉武帝末年，鲁共王刘馀整修孔子住宅，在墙壁里发现《尚书》、《礼记》、《论语》和《孝经》等数十篇，都是用秦、战国时期流行的篆文写成，所以称"孔壁古文"，亦称"壁经"。图为"鲁壁"碑，相传为发现古文经文所立。

视死如生的西汉人

出土的西汉陶仓模型，反映了当时农业的发达和兴旺。那时的陶器已普遍施釉，器型多种多样，火候好，胎质坚硬。灶和陶仓是汉墓葬陶器组合的核心，是视死如生和财富的象征物。

中国大事记

子婴向刘邦投降，秦亡。项羽率诸侯军入咸阳，杀子婴，焚宫室，将咸阳掳掠一空而东还。项羽自号西楚霸王，定都彭城。立楚怀王为义帝。分封诸侯，以刘邦为汉王。

秦代禽兽纹壶（壶体纹饰图）

酒器。壶高11厘米、口径4.2厘米、腹径9.5厘米、底径4.8厘米，重400克。1982年西安咸阳秦墓出土。壶体外饰线刻阴纹禽兽60余种，有长足鸟、麋鹿、象、牛、骆驼、猪、蛇、狼、狐狸、兔、犬、鼠、鱼、鹤、鸡、豹、龙等。

话。不过，他对丞相李斯还是很不放心。为了害李斯，赵高就怂恿李斯去谏说胡亥，下了圈套让李斯去钻。李斯耐不得寂寞，最终联合了右丞相冯去病、将军冯劫。他们说，老百姓太苦了，所以造反的人很多；应该少派些人到边境上去服兵役，少派些人为国家运送物资，阿房宫也应该停建。胡亥最听不得这种话，火冒三丈，下令把他们三个人送交法司问罪。冯去疾和冯劫不甘受辱，都拔剑自杀了。李斯觉得自己对秦朝的建立有大功，坐在牢里，还盼望着胡亥回心转意，释放自己。

> **历史文化百科**

〔太上皇〕

秦始皇称皇帝，尊庄襄王为太上皇。"太上"即最高的意思。刘邦称帝后，同样称其父为太上皇，仿效的是秦制。这一制度为后世所承袭。

不久，赵高把李斯也杀害了。那时，赵高已做了丞相，一人之下，万人之上。但是，他的日子并不好过。各路起义军已经越战越强，项羽在巨鹿消灭了秦军主力，秦朝眼看就要崩溃了，胡亥昏庸残暴，早已失尽了人心。于是，赵高就想除掉胡亥，独揽大权。一天，群臣上朝，赵高叫人牵来一头鹿，说是一匹宝马，要献给胡亥。胡亥见了大笑，说赵高是不是搞错了，明明是一头鹿，怎么会说成是马呢！可大臣们有的默不作声，有的曲意奉承赵高，说这就是一匹马。但也有几个大臣不愿受赵高的愚弄，说这就是一头鹿。就这么

汉猫头鹰形彩色壶（酒器）

一个简单的问题，胡亥仍不醒悟，以为是自己神志不清。他找来了太卜令，为自己算了一卦。太卜令说："陛下在祭祀天地、祖宗和鬼神时，没有清洁自己的身心，所以会出现神志不清的情况。"胡亥相信了太卜令的话，就跑到上林苑沐浴更衣，戒酒戒肉，也不跟后妃们混在一起，总算是把自己的身心清洁了一番。他根本不知道，自己已上了赵高的当。

赵高导演了一出指鹿为马的丑剧，自以为得计。那几个不肯把鹿说成是马的大臣，后来都被他找借口杀掉了。此后，朝中大臣没有不怕赵高的，而胡亥的死期，也就要降临了。

青铜龙纹錞于
秦代乐器。高69.6厘米，通体铸有云纹和几何纹，乔形钮为龙的造型。西安咸阳出土。

中国大事记

项羽杀义帝。刘邦率军东进，为义帝发丧，率诸侯军进击项羽，兵败彭城，在荥阳与楚军相持。秦朝博士、儒生叔孙通归附刘邦，有百余儒生弟子随从。

〇一三

李斯谏胡亥

赵高怂恿丞相李斯去劝谏二世皇帝。李斯不知是计，结果引起胡亥的反感。赵高乘机挑拨，使李斯完全失去胡亥的信任。

赵高设计

胡亥凡事只跟赵高商量，引起李斯的不满。赵高听说后，便对李斯说，关东地区的盗贼很多，可皇帝现在却急于征派更多的老百姓去服役，为他建造阿房宫，再就是弄些狗马之类的无用之物来享乐。他说自己想劝胡亥不要这样，但因为自己的地位很低贱，说了恐怕也没用。他问李斯身为丞相，明明有责任劝谏皇帝，却为什么无动于衷。李斯听了赵高的

话，以为他是真心的，就称赞赵高讲得对。说自己一直想劝劝皇帝，只因皇帝总是不上朝，住在深宫里，自己想说，却没有人为自己传话，想见皇帝，也没有人为自己通报。赵高见李斯上钩了，就说如果李斯真的能去劝劝皇帝，一定找机会让皇帝见他。

李斯上当

一天，胡亥在宫中饮酒赏乐，宫女们在乐曲声中翩翩起舞。赵高见胡亥玩兴正浓，就派人对李斯

西汉炊食具三牺钮银豆

前206年

公元前 206 年

世界大事记

罗马军队将迦太基人全部逐出西班牙，征服西班牙全境。

《史记·李斯列传》

李斯　狡诈　谗言
赵高

人物　关键词　故事来源

罕见的秦代青铜龙
此器长240厘米、宽100厘米、高40厘米。秦始皇陵附近出土。

说："皇帝正说起你，现在正是跟他说话的时候。"李斯哪里知道是计，马上到宫门口求见。胡亥此时根本就没有心思见他，只让李斯在宫门口干等着。李斯等不到皇帝的召见，急了，一连求见了三次，结果把胡亥给惹恼了。胡亥说："我平时闲着的时候，丞相不来，现在倒来烦我。是看我年轻就不把我放在眼里吗！"

赵高见机会来了，就在一旁挑拨，说："看起来情况不妙。当初沙丘之谋，李斯也有一份功劳。现在陛下当了皇帝，可李斯本来就是丞相，没有更高的官可以给他做了。想来他大概是要陛下划一块地方给他，让他做个诸侯王吧！"见胡亥听得很仔细，赵高又火上浇油，说："有些事皇帝不问我，我也不敢说什么。丞相的长子李由，是三川郡的郡守。盗贼陈胜和丞相李斯都是楚地人，他们的家乡离得很近，所以那里的盗贼才敢于在光天化日之下到处活动，经过三川郡时，李由也不派兵清剿。我听说他们有书信来往，只是不知道具体讲些什么，因此不敢向皇帝报告。朝廷的事都是由丞相掌管的，他的权力比皇帝还大呢！"

听了赵高的话，胡亥马上派人调查李由通盗的罪状。李斯怀疑是赵高在搞鬼，就上书胡亥，说赵高有

谋反的意图，提醒胡亥防备。胡亥根本不相信，反而把这件事告诉了赵高。赵高就对胡亥说："丞相现在只担心我一个人了。哪一天他如果把我杀掉了，就可以篡夺皇帝的权力了。"

从此，胡亥对李斯再也没有一点点的信任了。

秦代青龙图案（砖刻）
秦汉是龙文化发展史上的一个转折时期。这时的龙的体态多呈S形，显得刚健有力。形态结构也开始复杂化。而且气势渐增，表现出不可一世的姿态来。如汉画砖上的青龙龙头高举，引颈长啸，大有腾身欲飞之势。特别值得注意的是，中期的龙不管龙姿怎样变化，形态怎样不同，除圆形造型外，它们的头大多奋力高举，或引颈欲鸣，有引身向上的飞动趋势。

> **历史文化百科**

〔**秦汉时期的最高地方官：郡守**〕
　　秦统一后，地方上实行郡县制，守为郡的最高行政长官。汉朝在地方上实行郡县和王国（诸侯王国）制，郡的最高行政长官亦称守，景帝时更名为太守。

〇一四

李斯之死

在赵高的严刑逼供下，李斯经不住残酷的折磨，终于屈打成招，承认自己谋反，被处以腰斩，并灭三族（父族、母族、妻族）。

屈打成招

李斯被关进了监狱，这才后悔当初在沙丘跟赵高一起玩弄阴谋，把胡亥扶上皇位。现在，眼看着秦朝江山在起义军的打击下随时都可能崩溃，自己尽心竭力辅助始皇帝开创的事业行将付诸东流，自己又身陷囹圄，他感到无限的凄凉。

在赵高的严刑逼供下，李斯经不住残酷的折磨，终于屈打成招，承认自己谋反。不过，他还是怀有一线希望。想想自己为秦朝立下的功劳，又确实未曾谋反，他多么盼望二世皇帝会给自己一个申辩的机会。他以为，凭着自己的好口才，也许能使胡亥回心转意。想到这些，李斯就在狱中上书二世皇帝，历数了自己的七条"罪状"，其实都是正话反说，为自己评功摆好。他满怀希望把信交给狱吏，信却落到了赵高手里。这样的结果，李斯本应该想得到的，可他就偏偏没有想到。他对赵高的阴险毒辣，还是没有充分认识。

西汉铜钮银豆
豆为古代的一种食器。此豆1979年出土于山东临淄齐王陵陪葬坑。通体银铜合制，并有外凸的花瓣纹。

父子刑场相见

赵高扣压了李斯的上书，还派人对他说："囚犯哪里还有上书的权利！"此后，赵高又先后十几次派自己的亲信去提审李斯，却冒充是胡亥派去复审案子的官员。可李斯总是信以为真，每次提审，都诉说自己是如何冤枉，结果是一次又一次地遭受酷刑，一次又一次地被迫承认谋反。后来，他再也不敢喊冤了。一天，当胡亥真的派人来复审他的案子时，李斯竟误

显示强大实力的秦铸金虎（上图）
战国时期，秦国注重发展经济，经过几代君王努力，终于统一了全中国。留存下来的黄金铸成的金虎从侧面反映了秦国经济的发达与实力的强大。

> **历史文化百科**
>
> 〔县令、长〕
> 秦统一后，地方上实行郡县制，郡设数县。县凡万户以上，最高行政长官称令；凡万户以下，最高行政长官称长。汉代郡以下亦设县。

李斯　赵高 | 牵犬逐兔 | 冤狱　怨愤 | 《史记·李斯列传》

人物　典故　关键词　故事来源

以为又是赵高在捣鬼，一口承认自己阴谋造反。胡亥看了李斯的口供，庆幸地对赵高说："要不是你，我差点就被李斯蒙骗了！"随后，胡亥派往三川郡调查李由谋反的官员也回来了。这位官员人还未到三川郡，三川郡就被项梁攻陷了，李由也被项梁杀掉了。赵高把这件事瞒过了胡亥，又编造了李由谋反的假材料，拿去给胡亥看。胡亥看了，照样深信不疑。

这一年的七月，李斯被判处死刑。行刑的那一天，与李斯一同被押赴刑场的，还有他的二儿子。父子相见，李斯说："我想再跟你一起，牵着黄毛猎狗，去家乡上蔡东门外的野地里猎逐狡兔。可那样的日子还会有吗？"说完，父子俩一起痛哭，然后一起被处以腰斩。李斯的父族、母族和妻族，也都被胡亥和赵高诛杀了。

李斯之死

赵高向秦二世诬告李斯企图杀君谋反，秦二世立即把李斯逮捕入狱。公元前208年初冬，李斯在咸阳街头被腰斩，全家大小皆被杀害。这是李斯受刑图。对于李斯的冤狱，人们很少寄予同情。此二图出自元刻本《秦并六国平话》。

精工细雕的秦代玉高足杯

秦代酒具。玉杯高14.5厘米、口径6.4厘米、足径4.5厘米。1976年西安市西郊秦阿房宫遗址出土。玉杯体圆平口，深腹。腹外壁分四层纹饰，口下有四蒂叶与连云纹一周，腹部为谷丁勾云纹，下腹几何形勾云纹，近足处变形云头纹，圈足上部五组阴刻线，每组内有交叉的"S"形纹饰，腹上下的两周纹饰，为浅浮雕，丰满浑厚，与腹部构成完整装饰。玉色呈青黄色，起红褐色斑纹，晶莹润泽，精工细雕，实为罕见。

〇一五

胡亥临死三愿

末日临近了

胡亥每日都在上林苑打猎，赵高却天天盘算着找机会除掉他。巨鹿之战后，秦军主力被消灭，各路起义军所向无敌，秦朝的郡县官吏往往望风而降。很快，刘邦率领的一支起义军就逼近了咸阳，并派人暗中与赵高联络。赵高担心这件事如果被胡亥知道，会要了自己的命，就躲在家里不再去见胡亥。一天，胡亥在上林苑打猎时，把误入上林的一个行人射杀了。赵高听说此事，就入朝对胡亥说："天子不应该杀害没有罪的人。上天是不会允许这样杀人的。"他建议胡亥不要再住在宫里，避开上帝的惩罚。胡亥听了这话很不高兴。后来，他在睡梦中梦见一只白色的老虎，咬了他座驾左边的马，结果他把那只白虎给杀掉了。醒来后，他闷闷不乐，觉得这不是个好兆头，就请太卜为自己算了一卦。算下来，说是泾水的鬼神在作祟。于是，他就

起义军逼近咸阳，赵高决心除掉胡亥。胡亥苦苦哀求，说自己愿意放弃皇位而只做一个郡王，或去做一个万户侯，甚至做一个普通百姓，以免一死。

在望夷宫里做了一番清洁身心的功夫，杀了四匹白马沉入泾水，算是对泾水鬼神的供奉。

不久，起义军逼近咸阳的消息，终于传到了胡亥的耳朵里。胡亥派人责备赵高总是欺骗他，把百姓造反说成是盗贼作乱，使他放松了警惕。赵高害怕极了，便与咸阳令阎乐、弟弟赵成等人密谋造反。赵高对他们两个人说："皇帝不听劝告，现在事情紧急了，就要我们来替他承担罪责。我想用子婴来代他。"有人说子婴是胡亥的侄子，有人说他是始皇帝的弟弟，也有人说他是始皇帝的侄子。子婴很仁慈，也很俭朴，老百姓都说他好。赵高以为立这么一个人，是一定会得到天下人支持的。

被逼自刎

那时，赵成正掌握着宫城的警卫。他在接受了赵高的密令后，一回到宫中，就谎称宫城中有盗贼作乱，命令阎乐迅速带兵入宫护卫。阎乐接了命令，即

孟姜女万里寻夫的传说

秦始皇下令修造长城，强征数十万工役，孟姜女之夫万喜良（一作万杞良）也被强征。后孟姜女万里寻夫至咸阳，不料万喜良已死，孟姜女便在长城脚下哭吊夫婿，长城亦为之崩塌。秦始皇见到孟姜女后，欲迫其为妃。孟姜女佯装答应，等到将万喜良礼葬后，自尽殉夫。此图为清代年画。

美观舒适的铠甲衬里

陵山汉墓出土的二千多年前铁铠甲，共有2859片甲片。铠甲边缘用皮革和丝织品锁边，内部用皮革和丝织品作衬里，既美观，又舒适。

祭祀路神

远在上古时代，人们就开始祭祀路神，从商周至西汉，人们祭祀路神已成习俗。每逢出门旅行时都要祭祀路神，以求路神保护自己一路平安。汉代还有为出行者祭祀路神和设宴送行的礼仪，称为"祖道"。左图为民间咒符，右图为民间纸马。

带兵出发。他刚离开，赵高就派人把他的母亲接到自己家，说是保护起来，其实是做人质，这样阎乐就不敢临阵退缩。

阎乐来到望夷宫门口，先把守门的军官抓了起来，对他说："有盗贼入宫，你为什么不抓？"守门的军官说："宫殿四周都设了严密的警卫，哪里会有这样大胆的盗贼，居然敢闯入禁宫？"阎乐不由他争辩，把他杀掉了。然后，他指挥士兵们杀入望夷宫，而赵成则率领士兵在宫里接应他。他们会合之后，率兵直奔胡亥的住所，乱箭直射胡亥住所的帷幔。胡亥知道大事不好，叫卫兵抵抗，可卫兵们都吓得逃跑了。这时，只有一个太监还侍候在他的身旁。胡亥问他为什么不把有人打进皇宫的事报告自己。这个太监说："我能活到今天，就是因为不敢说实话。如果我敢说实话，恐怕早就死了，哪里还会有今天！"

不一会儿，阎乐就带兵逼近胡亥。面对着这位二世皇帝，阎乐历数了他的罪恶，然后对他说："如今天下的人都起来造反了，你自己想想该怎么办！"胡亥要求见一见赵高，可阎乐却不答应。胡亥就说："我愿把皇帝让给别人做。给我一个郡，我自己去做个郡王。"结果被阎乐一口回绝。胡亥又说："那么我也愿意做一个万户侯。"阎乐还是说不行。胡亥于是请求道："那么我愿和妻子儿女们都做普通的老百姓。"阎乐听得有些不耐烦了，对他说："是赵丞相命令我为全天下的人杀掉你的。你说了这么许多，我也不敢帮你转告赵丞相。"说完，他指挥士兵上前杀胡亥。胡亥知道自己难逃一死，就拔剑自刎了。而他临死前的三愿，却给世人留下了可悲的笑柄。

> **历史文化百科**

〔地方官僚机构：十三刺史部〕

汉武帝时，为了加强中央对地方的监控，在地方上设十三个监察区，称十三刺史部，简称十三州或十三部，并任命刺史，行监察之责，然刺史官秩仅六百石。东汉末，十三刺史部由监察区演变为郡以上的一级地方行政单位。

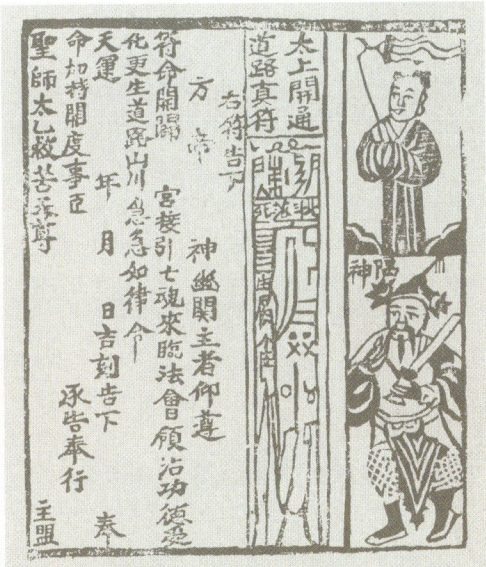

《史记·秦始皇本纪》

子婴 赵高 谋略

人物 关键词 故事来源

前 公元前 201 年

中国大事记

刘邦大封功臣，大封同姓王。叔孙通为汉朝制定朝仪。

秦王子婴

秦王子婴用计杀了赵高，并灭其三族。当起义军兵临咸阳城下时，子婴便捧着皇帝的印信，敞开城门，向刘邦投降。

子婴定计

阎乐杀了胡亥，便火速派人报告赵高大功告成。赵高马上召集群臣和公子们上朝，向他们宣布了胡亥已死的消息。赵高对他们说："秦本来就是一个王国，因为始皇帝统一了天下，所以就称帝了。现在齐、楚、燕、赵、韩、魏六国都已经恢复，秦朝的地盘越来越小，再称帝，也只不过是徒有其名。还是应该跟过去一样称王，那才比较妥当。"他还告诉大臣和公子们，他要立子婴为秦王。

子婴是个很有些胆量的人。当初胡亥和赵高要杀害蒙恬、蒙毅兄弟，子婴就敢站出来反对。他对赵高是很鄙视的。赵高要立他为秦王，他一点也不领情。他对两个儿子和亲信们说："丞相赵高在望夷宫杀了二世皇帝，恐怕朝臣不服，要杀他，才假装仁义，立我为王。我听说他与外面造反的队伍暗中定了约，要把秦朝的宗室全都消灭掉，然后由他在关中称王。他叫我到宗庙去祭拜祖宗，然后登基称王，恐怕是想在我祭拜祖宗时杀了我。到祭拜宗庙的那一天，我就推说有病不去，他肯定要亲自来催我去。等他一来，我们就杀掉他。"

游走四方的竹行李

南方多竹，行李箱也用竹子制成，轻便耐用，所以秦汉时代南方人出远门常用之。

杀赵高，降刘邦

到了该子婴去祭拜宗庙的那一天，赵高见子婴迟迟不来，几次派人去催。子婴只是推说有病，不肯动身。赵高等不及了，果真亲自前往。见了子婴，赵高说："祭拜宗庙这么大的事，怎么可以不去呢？"赵高的话音刚落，子婴身边的人就上前把他给杀死了，连多说一句话的机会都没有留给他。随后，子婴下令把赵高的父族、母族和妻族统统杀掉，尸体就放在咸阳的大街上示众。

子婴杀了赵高，只当了四十六天的秦王，刘邦的军队就攻破了武关，兵临咸阳城下。刘邦派人叫子婴投降。子婴把皇帝佩玉上的丝带解下，系在脖子上。然后坐着用白布覆盖、套着白马的车驾，手里捧着皇帝的印信，敞开城门，向刘邦投降。他做出这副样子，是为了向刘邦表明，自己是一个应该用自杀向天下谢罪的人。想以此激起刘邦的仁慈心，以保全自己和秦朝宗室的性命。

秦云纹瓦当（上图）

瓦当是指筒瓦顶端下垂的部分，可蔽护房檐，防雨水浸湿，延长建筑物的寿命，同时也有装饰作用。云纹瓦当是秦宫殿遗址出土量最多的一种，云纹为瓦当上最流行的纹饰。

> 历史文化百科

〔我国最早的综合性图书分类目录：七略〕

西汉大学问家刘歆，在其父刘向《别录》的基础上，整理编辑国家藏书，分为辑略、六艺略、诸子略、诗赋略、兵书略、数术略和方技略，因名《七略》。其中，辑略为编辑凡例，并述各略图书源流；其余六略分类著录各种图书。《七略》是我国最早的综合性图书分类目录。原书已散佚。

"大楚兴，陈胜王"

大泽乡风起云涌。戍卒们在陈胜、吴广的带领下，发动起义。由陈胜、吴广所点燃的这场反秦烈火，迅即烧成了燎原之势。

鸿鹄之志

陈胜是一个贫苦农民，凭一身力气，为别人种地，过着勉强糊口的日子。一天，在田里劳动的时候，陈胜停下手中的农活儿，站在田垄上，沉思了很久，胸中充满了愤恨。他忍不住对一起干活的穷兄弟们说："如果哪一天，我们这些人中有谁富贵了，彼此可不要忘了（苟富贵，毋相忘）。"

"你如今种的地都是别人的，靠什么富贵啊？"大伙笑着说。陈胜见这些穷兄弟都这么目光短浅，很不以为然。他长长地叹了口气，说道："小小的燕雀，又哪里会懂得鸿鹄的远大志向呢！"

鱼腹丹书，篝火狐鸣

公元前209年，陈胜和吴广等九百人，在两名秦朝军尉的监领下，被征发到渔阳去戍守边疆。当他们走到大泽乡（今安徽宿州东南）时，老天下起了大雨，一连许多天都不放晴。道路积水，车马难行，九百人滞留

在途中，眼看已误了行期。按照秦朝的法律，戍卒不能准时报到，是要被处死的。一天，陈胜和吴广暗中商量，说如今要么逃亡，要么造反。反正逃亡是死罪，造反也是死罪，一样是死，为什么就不能死得轰轰烈烈呢！陈胜还说，天下人对秦朝的压迫，忍无可忍已经很久了；现在的二世皇帝不过是始皇帝的少子，本不该由他来继承皇位的；应该继承皇位的，是始皇帝的长公子扶苏，但扶苏因为屡次三番地向始皇帝进谏，惹恼了始皇帝，被始皇帝派出京城领兵，扶苏并没有犯罪，二世皇帝却把他杀害了。陈胜于是提出，天下的老百姓都只知道扶苏贤能，却不知道他已经死了；还有将军项燕，是楚人，立过不少战功，对士兵很爱护，深受楚人爱戴，传闻中有的说

工艺精湛的错金银铜达常
秦始皇陵西侧出土，一号铜车上的错金银铜饰件，用以连接和延长伞柄。通体饰卷云纹，错金或银，代表了秦代最高的工艺水平。

中国大事记

西汉迁都长安。汉高祖亲率大军北击匈奴，被匈奴围困白登山，用陈平密计而使匈奴解围。

他死了，有的说他还活着，只是隐藏在某个地方；如果以扶苏和项燕的名义带领大家造反，一定很有号召力，响应的人一定会很多。

吴广听了陈胜的这一番话，觉得很有道理，表示坚决支持他。他们两个又去找卜者算卦。那卜者是一个极聪明的人，猜到陈胜和吴广是想造反，就说："二位尊者一定能够成就大业。既然如此，为什么不直接去请教鬼神呢？"陈胜和吴广听了此话，心领神会，知道这是在暗示他们去装神弄鬼，先在戍卒中建立威信。

中国第一次农民起义

天下贫苦民众纷纷揭竿而起，响应陈胜、吴广。这是《史记》中对这次农民起义的记载。

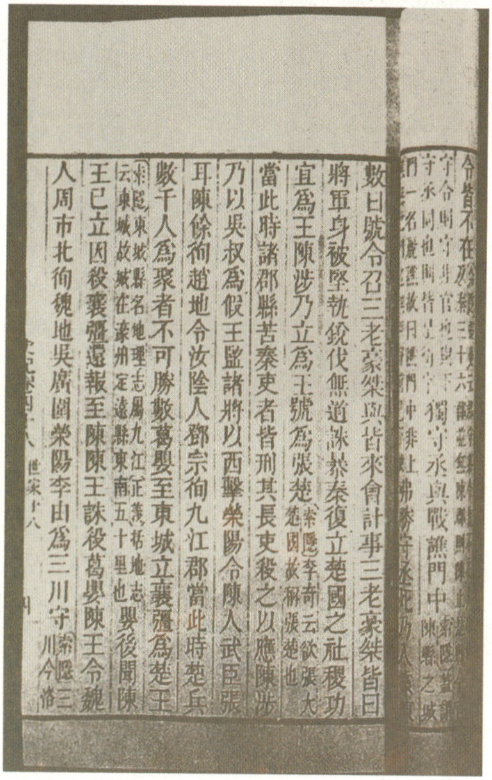

數日號令召三老豪桀與皆來會計事三老豪桀皆曰將軍身被堅執銳伐無道誅暴秦復立楚國之社稷功宜為王陳涉乃立為王號為張楚（索隱李奇云欲張大楚國故稱張楚也）當此時諸郡縣苦秦吏者皆刑其長吏殺之以應陳涉乃以吳叔為假王監諸將以西擊滎陽令陳人武臣張耳陳餘徇趙地令汝陰人鄧宗徇九江郡當此時楚兵數千人為聚者不可勝數葛嬰至東城立襄彊為楚王（索隱東城縣名地理志屬九江正義括地志云東城故城在濠州定遠縣東南五十里也）嬰後聞陳王已立因殺襄彊還報至陳陳王誅殺葛嬰陳王令魏人周市北徇魏地吳廣圍滎陽李由為三川守

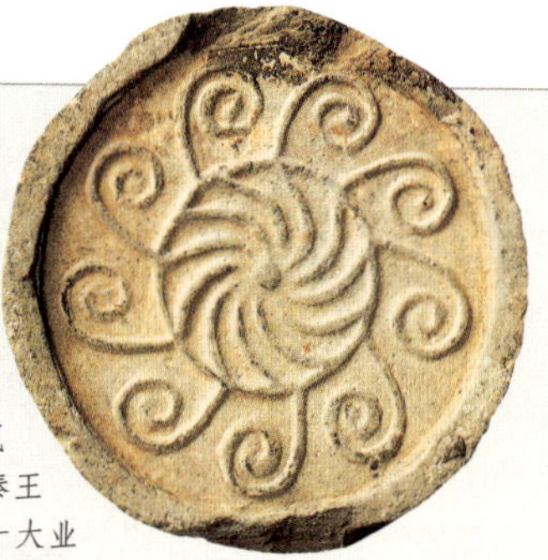

葵纹瓦当（右图及右页下图）

葵纹瓦当主要见于秦代，它与秦代的动物瓦当、吉祥语的文字瓦当以及叶纹、树纹、水涡纹瓦当一样，都是赞颂秦王朝，歌颂秦始皇统一大业的思想在建筑艺术中的反映。秦大量的瓦当展示了秦当年的繁华和建筑的规模。

于是奇怪的事情就发生了。先是戍卒们在买来的鱼的腹中，发现了写有"陈胜王"三个红字的帛书。然后，在一天夜里，戍卒们看到附近的丛祠中火光闪闪，还听到阵阵狐鸣："大楚兴，陈胜王！"鱼腹丹书，篝火狐鸣，使得困在大泽的这九百戍卒，感到莫名的恐惧、神秘和激动。他们都是楚人，一听说"大楚兴，陈胜王"，心中的故国情怀不由得阵阵激荡；而陈胜在他们的眼里，现在也不再是个凡人了。他们在悄悄地议论着，越说越玄。他们的目光，紧随着陈胜，等待着，期盼着。

历史文化百科

〔秦汉男子以胡须表示身份〕

胡须是秦汉时代男性颇为重视的体征，因此男子相当重视对胡须的修剪整理。当时男子须髯的修饰表示不同的社会阶层和身份，大致有以下三种类型：一是唇上蓄八字胡，下巴无须，八字胡或为正八字或倒八字卷须，蓄此类胡须者多为功曹、亭长等下级员吏。这种胡须在外观上显得稳重。二是唇上蓄八字胡，下巴飘髯。蓄此类胡须者多为学者和贵族。这类胡须在外观上显得颇为潇洒。三是唇上蓄胡，或往上翘，或作八字状，两腮胡须蓬立。蓄此类胡须者多为武士或武卒。这类胡须显得勇悍威猛。

世界大事记 塞琉西王安条克三世与托勒米埃及之间的第五次叙利亚战争爆发。迦太基被迫与罗马签订割地、赔款以及交出战舰与战象的和约，汉尼拔逃亡，第二次布匿战争结束。

王侯将相宁有种乎?

陈胜和吴广都是屯长，平时在这些戍卒中就很有威信。特别是吴广，平时对戍卒很照顾，戍卒们也都愿意服从他。吴广看到戍卒们的情绪被他跟陈胜制造的"丹书狐鸣"鼓动起来了，就决定趁热打铁。一天，他见那两个监领他们的军尉喝醉了，就故意说要逃跑，想以此来激怒他们。一个军尉果真被吴广惹恼了，拿了鞭子来抽他。抽着还不解气，又拔剑要杀他。吴广早有准备，突然出手夺剑，反而顺势把那个军尉杀了。陈胜也是眼明手快，乘机把另一个军尉也杀了。戍卒们见了血，眼睛都发红了，一时间群情激奋，犹如火山爆发。陈胜和吴广便大声对戍卒们说："诸位遇到连天大雨，不能按期到达边关，这是要被处死的。即便不被处死，你们中的绝大多数人也会因为守边的劳苦而死

掉。是壮士，要么不死，死就要死得壮烈，干一番大事业。难道我们命中就注定了不能成为王侯将相吗?"听陈胜如此说，戍卒们都情绪激昂地表示，愿意服从他和吴广的命令。

大泽乡风起云涌。戍卒们在陈胜、吴广的带领下，宣布起义了。起义军称"大楚"，陈胜为将军，吴广任都尉。他们又派人四出散布消息，说是公子扶苏、将军项燕起兵。他们迅速扫平了驻扎在大泽乡的秦朝军队，进而攻占了蕲县(今宿州南)。然后又分兵两路，一路向东，由符离人葛婴率领；一路向西，由陈胜亲自率领。陈胜一鼓作气攻下了五座县城，等他攻到陈县时，已是一支战车六七百辆、骑兵一千余、步兵数万人的浩荡大军。攻占了陈县，陈胜便宣布称王，吴广则被封为"假王"。很快，由陈胜、吴广所点燃的这场反秦烈火，烧成了燎原之势。

银质弓弩架(上图)
秦始皇陵一号铜车上放弓的架子。前部为一鸭首，后部有銮与车连接，铸有浮雕云纹。

> **历史文化百科**
>
> 〔鼓励以粮买官的入粟〕
>
> 秦时，有百姓入粟千石拜爵一级的制度。西汉沿用此制，并可以入粟买官。武帝时，为筹措战争经费，广开入粟买官之路。

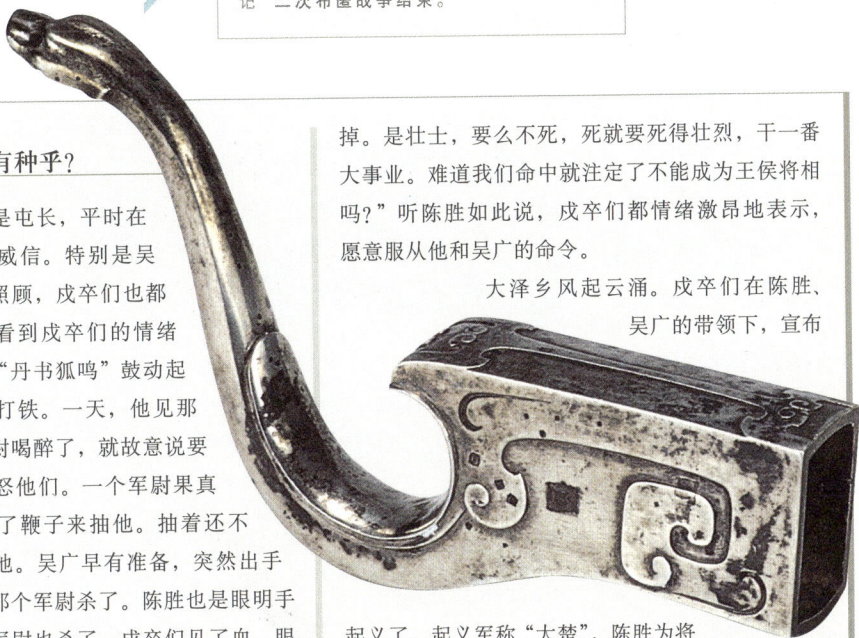

〇一八

项梁、项羽起兵

"彼可取而代之"

项羽出身于楚国的将门,他的叔父项梁,就是楚国名将项燕的儿子。项梁在家乡杀了人,为躲避仇家报复,带着项羽逃到吴中(今江苏苏州)。在吴中,项梁很得人望。当地有大工程,或婚丧大礼,经常请项梁主持。项梁则按兵法来调遣众人,暗中观察各人的表现。

项羽从小跟着项梁,但很让项梁失望。教他识字,可没识多少,就不肯再学了。教他习剑,也没练多久,又放弃了。见他如此没有恒心,项梁很生气,忿忿地责骂他。他却说:"识字,只要能够记记

项梁一举收服了吴中的秦军,又派人收服了郡中各县的秦军;部队的各级军官都由他平日结交的豪杰担任。他们一致推举项梁为郡守,项羽为副将。

姓名就可以了。习剑,那是逞匹夫之勇。要学,就学指挥千军万马的本领。"项梁无奈,就教他学习兵法。项羽大喜。但是,刚学了个大概,又不学了。

有一年,秦始皇东巡到会稽,渡浙江。那一天,项梁带着项羽去看热闹。只见远处人马浩荡,始皇帝车被华盖,备极尊贵。项羽不禁心驰神往,脱口而道:"那个人,我可以取而代之!"话刚一出口,项梁大惊失色,连忙上前用手捂住项羽的嘴。"说话可要小心!这可是要灭族的!"项梁压低了声音对项羽说。从此以后,项梁对项羽另眼相看了,觉得他并不简单。那时,项羽已经长得又高又大,而且力能举鼎,人也极有才气,一望而

精致华丽的楚王金带扣(下图)

1995年徐州狮子山楚王陵出土,是楚王海贝丝扣带的金质腰带扣头之一,该带扣纯金制作,每只重380克,造型华丽,纹饰精美,扣牌上描绘出两兽噬马的争斗场面,周围一群鹰首正圆目而视。这是汉代西域风格的典型艺术作品,具有极高的文物和艺术价值。

十八般兵器之一种:戟

戟兼具刺、钩、啄、割的功能,在西汉实战中使用十分普遍,持戟士兵的多寡已成为衡量军事力量的重要标志。此种戟是汉代士兵最常用的。

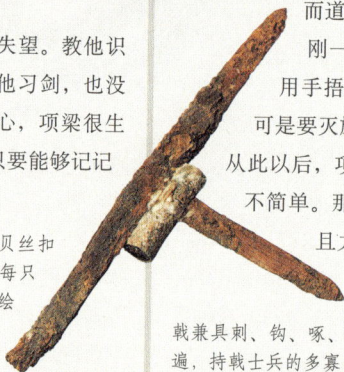

公元前 200 年

世界大事记

雅典、埃托利亚同盟、罗德岛受马其顿威胁，罗马担心马其顿过于强大，于是出兵干涉，第二次马其顿战争爆发。

《史记·项羽本纪》

项梁　果断
项羽　勇敢

人物　关键词　故事来源

知其不同凡响。吴中地方上的青年才俊，对项羽都十分敬畏。

袭杀郡守，宣布起义

公元前209年九月，会稽郡郡守殷通召见项梁，要同他共举大计，响应陈胜起义，还说要拜项梁和另一个名叫桓楚的人为将军。对殷通这个人，项梁是极不信任的，他对殷通说："桓楚现逃亡在外，除了项羽，谁都不知他躲藏在哪里。"说完，他请求暂时告退，跑到府外，让等在那里的项羽做好准备。然后，他折回府中，对殷通说："请召项羽入府，命令他去找桓楚来。"

项羽身佩利剑，应召入府。他刚在殷通面前站定，项梁就向他使了个眼色，说："可以了。"项羽于是猛然抽剑向前。剑光闪过，殷通已经人头落地。随即，项梁夺过了郡守印绶佩带在身，又提了殷通的脑袋。此时，府中上下乱成一团，惊慌失措。项羽乘机挥剑砍杀，马上就有数百人倒在血泊之中。其他的人见状，吓得仆倒在地，丝毫不敢动弹。

可作工艺品的西汉兵器

西汉是军事强国，武器也得到发展，铁矛代替了铜矛，更锋利，更轻巧，在战争中发挥了重要作用。此铁矛呈扁平的柳叶形，并用错金勾勒，表现出当时兵器工艺的制作水平。

镇服了郡守府，项梁立刻召集吴中豪杰，细说事情的经过，并宣布起义。吴中豪杰们纷纷表示支持。于是，项梁一举收服了吴中的秦军，又派人收服了郡中各县的秦军，组成了一支拥有八千精兵的起义部队。部队的各级军官，则都由他平日结交的豪杰担任。有一个人，平时跟项梁的交情也不错，却没有得到一官半职，他问项梁这是为什么。项梁对他说，有一次主持丧礼，派他管一件事，他却没做好，所以不能任用他。众豪杰这才明白，平时项梁分派他们做事，原来是在考察他们的能力。大家心里更佩服他了。他们一致推举项梁为郡守，项羽为副将。那一年，项羽才二十四岁。

▶历史文化百科◀

〔仅次于丞相、御史大夫的高官：九卿〕

先秦文献中就有九卿之词。据班固《汉书》，汉代的九卿并非是九种官职，而是中央行政机关以及主管皇帝宫廷事务机构中，职位相当于中二千石的长官的总称。汉代的九卿，地位仅次于丞相、御史大夫，且与丞相没有从属关系。

〇一九

"大丈夫当如此也"

刘邦年轻的时候，就很有点与众不同，他对人宽厚仁爱，随和大度，但不屑于从事家庭生产劳动，显得有点游手好闲。后来，他被官府试用为沛县泗水亭的亭长。亭是秦朝最低的行政机构，亭长只是吏员，而不是官员。尽管如此，刘邦还是利用这一机会，结识了很多官府中人物，跟他们打得火热，颇得人缘。他还是个好酒好色之人，这一点，似乎也很切合当时的市井风尚。那时他经常到王媪、武负的酒店赊酒，总是喝得酩酊大醉。据说，王媪和武负经常在他醉倒时，看见他身体上方有游龙出没，认为他天赋异人，对他另眼相看。每到年底结账时，他们总是把刘邦赊欠的酒钱一笔勾销。

刘邦曾去咸阳服过徭役。在咸阳，有一次他亲眼看见始皇帝出

巧夺天工的雁鱼灯

汉代青铜灯具形式多样，铸造工艺精巧实用，造型多取祥瑞题材。此雁鱼灯采用传统的禽鸟衔鱼造型，灯盘、灯罩可转动开合以调整挡风和光照，鱼身、雁颈和雁体中空相通，可纳烟尘，各部分可拆卸以便清洗，设计精巧合理，可算达到形式与功能的完美结合。

吕公识刘邦

吕公为躲避仇家而投奔沛县县令。他看到刘邦相貌非凡，于是不顾妻子的反对，决意要把女儿嫁给刘邦。吕家的这个女儿名叫吕雉，就是后来的吕后。

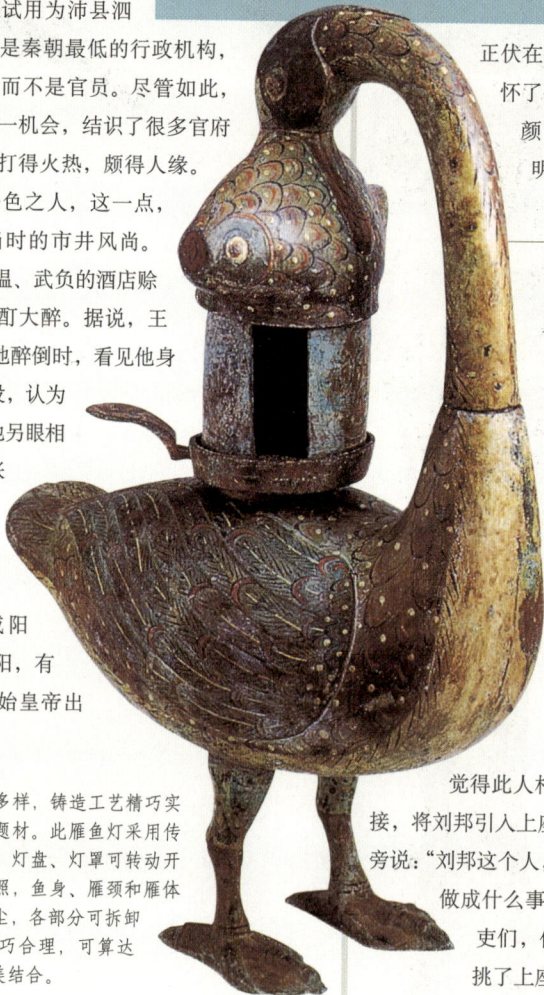

行的壮观景象，羡慕得不得了，禁不住叹道："真神气啊！男子汉大丈夫就应该有这样的气派！"据说，刘邦的母亲曾经在湖岸边不知不觉地睡着了，在睡梦中与神亲近。当时雷电交作，刘邦的父亲看见有一条龙正伏在他母亲的身上。这以后，他母亲就怀了他，而刘邦然也就具有一副"龙颜"。他对于始皇帝的赞叹，也许说明他是个真正的"龙种"呢！

吕公有话要说

沛县的县令有个好朋友姓吕，人称吕公。吕公在家乡与人结了仇，为躲避仇家报复，跑来投奔沛县令。沛县地方上的豪杰和衙门吏员，听说县令有贵客，皆前往拜贺。那天，由萧何为沛令主持贺宴。萧何出令："送贺礼不满一千钱的，一律坐在堂下。"刘邦向来跟大家开惯了玩笑，也不把萧何的命令当回事。他宣称："我今天进贺一万钱。"可实际上，他一文钱也没有带。还不曾进得门，吕公在堂上看见他，觉得此人相貌非凡，大吃一惊，急忙起身迎接，将刘邦引入上座。萧何见状，有点不快，就在一旁说："刘邦这个人，从来就喜欢说大话，却很少见他做成什么事。"刘邦只当是没听见。跟这些衙吏们，他逗乐取笑，本就是家常便饭。他挑了上座坐定，一点也不在乎。

前 1 9 8 年

公 元 前 1 9 8 年

世界大事记 塞琉西安条克三世占领了小亚细亚的帕加马王国的部分领土，这是他对小亚细亚希腊城邦实施占领的开始。

《史记·高祖本纪》

壮志 识才

大丈夫当如此也

刘邦 吕雉

人物 典故 关键词 故事来源

庖厨图卷

在出土的汉画像石、汉画像砖上，常见到表现庖厨活动主题的画面，有的场面很大，表现许多厨师从事各种厨事活动，也有表现厨人操刀掌勺的镜头……这些庖厨图，不仅展示了汉人的饮食生活，更是研究汉代饮食文化最宝贵的资料。

> **历史文化百科**

〔秦汉男子有外妇〕

秦汉时，男子娶妻、妾之外，还有所谓"外妇"。齐悼惠王刘肥，是汉高祖刘邦的长子。其母曹夫人，为刘邦在民间时的外妇。

等到宴会将散，吕公向刘邦使了个眼色，示意他留下。刘邦心领神会，慢吞吞地把酒杯里残存的酒喝完。当客人散尽，吕公终于对刘邦说："我从小就喜欢给人相面，经我看过的人，真不知有多少，却没有一个有你这样的面相，望能自珍自重。我有一个女儿，我愿意把她嫁给你。"等刘邦走后，吕公的老婆怒气冲冲地对吕公说："你从来都是很看重你的女儿的，说要把她嫁给贵人。沛令跟你这么好，想娶我们的女儿，你却不肯，如今为什么要随便地将她许配给刘邦？"吕公对她说："这种事情不是你这种女人所能懂的。"尽管妻子反对，吕公最终还是将女儿嫁给了刘邦。吕家的这个女儿名叫吕雉，就是后来的吕后。

秦提梁铜壶

秦时的提梁铜壶，外形朴实，用于装酒和水。

○二○

"东南有天子气"

秦始皇觉得东南有天子气，于是就带人东巡。刘邦疑心始皇帝就是冲他来的，便逃到临淮县和砀县交界的大山里躲了起来。

请老者相面

刘邦娶了吕雉，生有一男一女。两个孩子渐渐长大，经常跟母亲下地。有一阵子刘邦也卸去吏职，回到乡下。一天，吕雉带着两个孩子下地做农活。有一老者恰好路过，向他们要水喝。吕雉请老人喝水，还把带的午饭请老人吃。老人吃完饭，看了看吕雉，说："看夫人的面相，乃是大贵之人啊！"吕雉听了暗暗高兴，又请老人给自己的两个孩子相面。老人看了看那个男孩，说："夫人你将来之所以贵，一定就是因为你这个儿子。"他又看了看那个女孩，说："她将来也是要跟你们一起贵的

呢！"老人说完就走了。此时，刘邦恰好到来，吕雉就把刚才那个老人说的话告诉了他。刘邦问老人走了有多久，吕雉说刚走一会儿，一定还没走远。

刘邦连忙朝老人走的方向追去。追上了老人，刘邦请他给自己也看看相。老人告诉他说："刚才说你的夫人和两个孩子将来会显贵，其实都是因为你的缘故，你的面相真正是贵不可言。"刘邦信誓旦旦地对老人说："日后如果我真的显贵了，决不会忘了报答你。"

"赤帝之子"

刘邦后来又重新回去任亭长。一次，他为沛县押解一批徒役到骊山去为秦始皇修坟墓。才上路，就有不少徒役跑了。刘邦暗暗叫苦，算算等到了骊山，这些徒役都要逃光了，那又如何是好。于是，他只好在丰县大泽中停了下来，一边喝酒，一边考虑该怎么办。到了夜里，他横下一条心，一不做二不休，把押解的徒役们都放了。他对徒役们说："各位都逃命去吧，我也从此销声匿迹了。"徒役中有十几个血性汉子，则表示愿意追随刘邦。于是刘邦与他们举杯共饮，然后率领他们从小路走进大泽深处，并命一人在前面引路。走着走着，在前面引路的人返回报告，说有一条大蛇挡住了去路，大家还是返回吧。

西汉四神图壁画
"四神云气图"壁画发现于河南省芒砀山西汉墓，是现存我国时代最早、墓葬级别最高的墓葬壁画珍品。发现时色彩如新。壁画长5.14米，宽3.27米。壁画的主要内容为龙、白虎、朱雀、怪兽、灵芝及云气纹等组成的图案，线条飘逸，较能代表西汉时期的绘画风格。

公元前 196 年

世界大事记

马其顿与罗马签订和约，从此退出希腊，并同意赔款和削减军事力量。汉尼拔当选为迦太基最高行政官。安条克三世占领色雷斯海岸，与东侵的罗马发生冲突。

《史记·高祖本纪》

刘邦　方术
吕雉　预言

人物　关键词　故事来源

刘邦这时正醉醺醺的，仗着酒性，胆气倍增，喝道："是壮士就前进，怕什么！"说罢，他奋力向前，拔剑斩蛇，蛇被他一剑劈为两截，道路重又开通。又行了数里，刘邦酒性发作，醉倒在地。不久，有人经过刘邦斩蛇之地，见一老太婆在哭。问她为什么，老太婆说他的儿子被人杀了。问她儿子为什么被杀，老太婆说，她儿子是白帝之子，变成了一条蛇，挡赤帝之子的道，结果被赤帝之子杀死了。那人不信，

汉代漆器中的云图

我国人民在长期的生产生活实践中，积累了丰富的气象知识，如汉代的《淮南子·天文训》中首次列有二十四节气名，与现在的名称相同。汉代已存在三种测定风向的仪器，并有测温计，还暗示了影响乐器发声的大气湿度与天气变化有关。这一切表明汉代时一些气象知识有了很大发展。图中是汉代漆器中的云图。

传说的风影

传说汉武帝东巡泰山时见山下一老翁在田间劳动，远看似有白光高数尺，上前打听才知道老人常用药枕，才有这种情景。而出土的汉代药枕仿佛证实了这个传说不仅仅是捕风捉影。

以为老太婆是在装神弄鬼，正想要羞辱她一番，老太婆却忽然不见了。那人再往前走，就到了刘邦醉倒的地方。刘邦隐隐约约感到有人来，就醒了。那人将刚才遇到的事一五一十地告诉了他，他听了暗自高兴，而且有点自命不凡了。从这以后，追随他的那些人对他也越来越敬畏。

那时，秦始皇正觉得东南有天子气，于是就带人东巡。刘邦疑心始皇帝就是冲自己来的，便逃到临淮县和砀县交界的大山里躲了起来。据说，他在山里面居无定所，但吕雉带了人去找他，总能找得到。刘邦感到很奇怪，问是什么道理。吕雉告诉他，无论他躲在哪里，头上总有祥云笼罩，所以总能够找到他。刘邦听了，心里又是一阵高兴。此事在沛县悄悄地传开，年轻人听说了，往往想去投奔刘邦。

> 历史文化百科

〔秦汉时期酒的种类〕

秦汉时期酒的种类较前代有显著增长。当时的酒多以粮食为原料，如黍酒、稻酒、秫酒、稗米酒等。还有以水果为原料的葡萄酒、甘蔗酒。葡萄酒来源于张骞的出使西域。汉代人十分重视酒的色香味，还出现了以酒的色香味命名的名酒，其中有一种呈淡青色的缥酒最受人们欢迎，枚乘称其为"樽盈缥玉"。

○二一

陈胜为王

急于称王

陈胜攻占了陈县，当地许多有名望、有财势的人，就来劝他称王。陈胜很高兴，请来张耳和陈余，说要听听他俩的意见。张耳和陈余对他说："秦朝不仁不义，灭了别人的国家，对老百姓也很残暴。现在，陈将军万死不辞，起来造秦朝的反，是要为天下人铲除暴政。可刚攻下陈县，就要坐地称王，这恐怕会使天下人都觉得将军私心重。望将军不要称王，迅速引兵西进，并派人复立六国。这样，将军多助，秦朝多敌。秦朝多敌，兵力势必分散。将军多助，兵力势必强劲。那就不必攻城略野，可以挥师长驱西进，消灭秦朝，占据

冥界陶井（局部）

> 陈胜越来越轻敌，也越来越骄横。渐渐地，朋友们都不告而别，将军们也不再忠于他了。最后，在战败撤退的途中，被他的车夫杀害。

咸阳，然后号令六国。六国亡而复兴，必然对将军感恩戴德，将军的帝业也就成功了。如果将军坐地称王，恐怕天下人未必会服从啊！"陈胜称王心切，并不听张耳、陈余的劝告，终于还是在陈县称王了。

那时，葛婴率起义军打到了东城（今安徽定远东南），尚不知陈胜已经称王，就立了一个名叫襄疆的鲁国贵族后裔为王。后来听说陈胜已在陈县称王，葛婴就把襄疆杀了。

死于车夫之手

陈胜在陈县称王，各地豪杰纷纷起来响应他。起义军所到之处，秦朝的郡县官吏不是望风而逃，就是开城投降。陈胜志得意满，越来越轻敌，也越来越骄横。博士孔鲋对他说："兵法上讲，打仗要克敌制胜，决不能侥幸于敌人不来进攻，而要靠自己的强大而不可战胜。陈胜王现在把胜利寄托于敌人不来进攻上，而不是去壮大自己的军队，如此下去，一旦军事上失利，就会一败涂地的。到那时，恐怕后悔也来不及了。"这样一番话，陈胜居然一句都听不进，还对孔鲋说："这是我的军队，是胜是败，就不烦先生多虑了。"

对过去的朋友，陈胜也渐渐地不能容忍了。他在陈县称王不久，过去的一个穷哥们儿跑到陈县来，

> ＞历史文化百科＜
>
> 〔三公〕
> 战国文献多见三公之称，秦和西汉之初均不设。后有将丞相、御史大夫、太尉称为三公的。武帝时，太尉一职被取消。及武帝临终，以霍光为大司马大将军。大司马与丞相、御史大夫共为三公。后来，御史大夫改称大司空，丞相改称大司徒。

世界大事记

安条克三世与埃及缔和，占有南叙利亚以及埃及在小亚细亚的领地。罗马使团要求交出汉尼拔，汉尼拔出逃。

人物：陈胜
典故：夥涉为王
关键词：骄傲　猜疑
故事来源：《史记·陈涉世家》

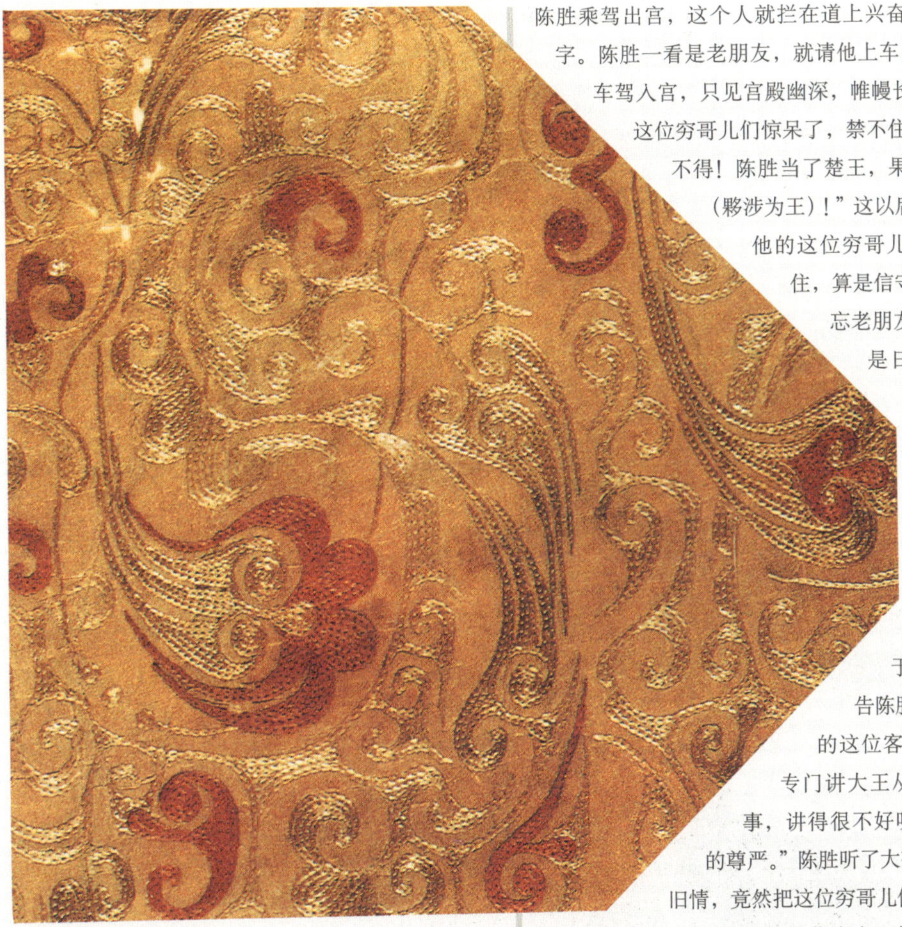

高度发展的汉代丝织技术

汉代的丝绸生产，技术先进，产量大，花色品种多，官营丝绸作坊生产规模很大，能够制造出多种精美华丽的丝织物，为丝绸之路的繁荣和贸易交往提供了物质基础。此为马王堆出土的黄绢，纹样鲜艳繁盛，制作工艺精良，是考古发掘中的稀世珍品。

扣响了宫门，大呼小叫地要见他，而且直呼其名。守宫的军官闻声而来，见这个乡下人这样不懂规矩，就要把他绑起来。后来听说是陈胜的穷哥儿们，才放过了他，只是说什么也不肯去向陈胜报告。这时，正好陈胜乘驾出宫，这个人就拦在道上兴奋地叫他的名字。陈胜一看是老朋友，就请他上车，带他进宫。车驾入宫，只见宫殿幽深，帷幔长挂，陈胜的这位穷哥儿们惊呆了，禁不住叹道："真了不得！陈胜当了楚王，果然好威风啊（夥涉为王）！"这以后，陈胜就留他的这位穷哥儿们在宫里长住，算是信守了富贵而不忘老朋友的诺言。可是日子一长，这个朋友进进出出越来越没有规矩，还到处跟人讲一些陈胜的往事。于是有人就报告陈胜，说："大王的这位客人愚昧无知，专门讲大王从前在民间的事，讲得很不好听，有损大王的尊严。"陈胜听了大怒，丝毫不念旧情，竟然把这位穷哥儿们处死了。

那时，陈胜信任的都是些小人。将军们在外立了战功，往往因为那些小人们的几句谗言，就被处死了。将军田臧用阴谋杀死了吴广，陈胜还对田臧加官晋爵。渐渐地，朋友们都不告而别，将军们也不再忠于他了。后来，秦将章邯接连几仗大破起义军，进逼陈县。陈胜亲自督战，被打得大败。在撤退的途中，陈胜也得不到各路人马的支援，最后被他的车夫庄贾杀害了。

中国大事记 以王陵为右丞相，陈平为左丞相。上一年，相国曹参去世。

郦食其见刘邦

刘邦非常欣赏郦食其的见识和口才，常常派他出使诸侯，用他的三寸不烂之舌去攻城拔寨。

明珠不暗投

郦食其是陈留县高阳人。他是个爱读书的人，但家境贫寒，无以为生，就在里中做了个看门的。虽然如此，当地的英雄豪杰并不随便就差遣他，都知道他心高气傲，不敢招惹。

陈胜、项梁起兵，他们的部队路过高阳的有十几拨。郦生听说那都是些没有大量的人，还喜欢搞些繁琐的礼节，而且自以为是，不能听从别人的意见，就没有去投奔他们。他在暗暗地等待机会，不想明珠暗投。后来，刘邦的军队正在陈留县城的郊外打仗。他听里中一个已经参加刘邦部队的年轻人说，刘邦时时打听当地的英雄豪杰，想多网罗些人才。郦生说："我听说沛公对人傲慢而不拘小节，所筹画的都是大事，这才是我真正愿意交往的人，只是还没人把我介绍给他。你若再见到沛公，就跟他说你住的里中有个郦生，六十多岁了，身高八尺，人家都说他是一个狂傲的书生，但他并不认为自己狂。"这人说："沛公是不喜欢儒生的。有客人去见他，头戴儒冠，沛公便解下他的儒冠，在里面撒尿。他跟人说话，动不动就要骂人。你要去见他，可不能自称是儒生。"郦食其说："你就按我的话说。"这人回去后，把郦食其的话向刘邦转述了一遍。

为刘邦当说客

不久，刘邦来到高阳，郦食其应召前往会见。谁知见到刘邦时，他正坐在床上，让两个女子给自己洗脚。郦食其火了，问刘邦："你是要协助秦朝攻诸侯呢，还是要率领诸侯击败秦朝呢？"刘邦觉出这话问得不对味儿，开口就骂："你这个不济事的儒生！天下人一起受秦朝的压迫已经很久了，所以诸侯一起去攻打秦朝。你反而讲助秦攻诸侯，这算什么意思！"郦食其要的就是刘邦的这句话，他对刘邦说："你要想壮大自己的队伍，并且统率各路起义军，那就不应该用这

巧夺天工的雁鱼灯（局部）

068

公元前 192 年

世界大事记

安条克三世应埃托利亚同盟之请向罗马宣战，叙利亚—罗马战争爆发。

《史记·郦生陆贾列传》
《史记·陈涉世家》

郦食其
刘邦

识才
谋略

郦食其
刘邦

人物　关键词　故事来源

高阳酒徒

郦食其是高阳人，刘邦领兵过高阳时，郦食其到军门求见。沛公听说来的这个人外表像个读书人，便命人对郦食其说："现在沛公正在解决天下大事，没有时间接见读书人。"郦食其说："去！你再进去通报，我不是什么读书人，我是高阳酒徒！"正在洗脚的沛公听后，立即光着脚拄着手杖把郦食其接了进去。于是郦食其为举棋不定的刘邦指出攻守陈留的方向，为刘邦夺天下立下头功。此图出自清末民初马骀的《马骀画宝》。

样不礼貌的态度来接见长者。"刘邦听了，马上不再洗脚，赶快起身，整理好衣服，请郦食其坐了上座，一再请他原谅。郦食其于是给刘邦大谈合纵连横之术，刘邦听得津津有味，就请他吃饭，又追问自己应该怎么办。郦食其实话实说，指出以刘邦当时纠集的那么一支不满万人的队伍，想要直接去进攻关中，无异于虎口探食。他建议先夺取陈留，不仅可控制交通

西汉渔网

要道，还可获得大量的粮食储备。他还说自己认识陈留县令，愿意先去劝降。如果陈留县令不肯降，那他就留在那里，作为内应，配合刘邦攻城。后来，在郦食其的劝说下，陈留县令开城向刘邦投降。刘邦喜出望外，封郦食其为广野君，常常派他出使诸侯，用他的三寸不烂之舌去攻城拔寨。郦食其还把自己的弟弟郦商引见给刘邦。郦商带着他聚集的四千人马，也投到刘邦的麾下。

汉代青铜器中的奇葩

这件西汉的酒器——铜尊，采用犀牛的造型，昂首伫立，体态雄健而不臃肿，洋溢着充沛的活力。整件器物饰以错金银云纹，精美华丽，是实用重器中的精品。

> **历史文化百科**

〔三老〕

秦设乡三老，汉初沿袭，并增设县三老。百姓年龄五十以上，品行端正，能引导民众为善者，举乡三老一人；又举乡三老一人，为县三老。以后，郡、王国亦设三老。三老职掌教化，表彰各类善行，并就地方政事提出建议，在乡级体制上地位最尊。

半透明的西汉玉卮

公元前 188 年

世界大事记 希腊阿卡亚同盟将上一年宣布退出同盟的斯巴达击败，并摧毁其城墙。

《史记·项羽本纪》

项梁 孙熊心 谋略

人物 关键词 故事来源

○二三

项梁复立楚国

项梁西进攻秦

将军召平奉陈胜之命，率军去收服广陵，但没有获得成功。正在踌躇之际，传来了陈胜兵败退出陈县的消息。同时，他还接到报告，说秦兵正向他开过来。召平于是在京口渡江，跑到项梁那里，谎称陈王已经拜项梁为相国，说现在江东已经平定了，应该迅速西进攻秦。项梁受命，马上率领八千主力渡长江，疾速西进。此时陈婴已收服了东阳，项梁就派人与陈婴联络，要他一起西进。

陈婴原来是东阳县衙里的一个吏员，人很讲信用，待人处事十分得体，所以很得当地人望。陈胜在大泽乡起义，天下响应，东阳县的一些勇敢青年，也杀了东阳县令，发动起义。他们聚集了好几千人，却没有合适的人来做他们的首领，最后就

陈胜牺牲的消息被证实了。项梁接受了范增的建议，复立楚国，以楚怀王孙熊心为王，仍称楚怀王，以迎合楚地人民怀念楚怀王的心理。

想到了陈婴。陈婴不肯接受他们的推举，再三辞谢，可最终还是不得不接受了。因为有陈婴领头，这支队伍迅速发展到两万人，颇成气候。于是大家又要推举陈婴为王，并号称"苍头军"。陈婴的母亲对陈婴说："自从我嫁

秦代铜车马的部件——鸭嘴形银钩

银钩通长3.5厘米，径0.5—0.6厘米，环外径1.45厘米，内径0.45厘米。陕西西安临潼秦始皇陵园出土。银钩钩首扁平呈鸭嘴形，钩体圆柱形，钩末端为一环形鼻纽。银钩通体光亮，整体呈"S"形，可能是车轼背面挂垂板用的。

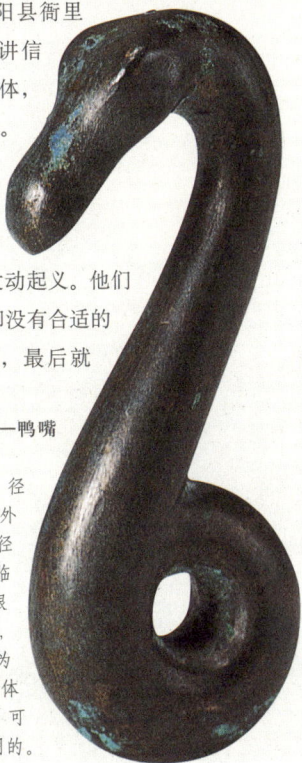

半透明的西汉玉卮（左页图）

西汉楚王御用酒具之一，1995年江苏省徐州狮子山楚王陵出土。该卮玉色青白，雕琢精细，器身表面通体饰纹，中间饰勾连云纹，上下装饰几何纹。卮盖中心为五瓣梅花，外饰一只突起的水柱，构思巧妙，造型大方，堪为汉玉之绝世瑰宝。

汉代侍女木俑

到你们陈家，几十年了，可从不曾听说你们陈家的祖上有谁显贵过。如今你平地突起，骤然间成了一个人物，这可是很危险的事情。眼下你不如找一个靠山，事情一旦成功，你至少可以封侯。万一失败了，因为不是首犯，不会是天下指名要抓的人物，隐匿起来就比较容易。"陈婴听了母亲的这一番话，就对手下的人说："在我们楚地，项氏是将门世家，这是大家都知道的。今天我们要做这么一番大事业，如果不以项氏为首，那是不行的。我们都听命于这样的名门望族，就一定能推翻秦朝的统治！"听陈婴讲得有道理，大家都接受了。

陈婴接到项梁的命令，果然率领人马，与项梁会合西进。等项梁渡过了淮河，黥布、蒲将军又各自带领部队前来投奔，这一来，项梁统率的大军竟达到六七万之众。当时，秦嘉听说陈胜已死，就立楚国贵族后裔景驹为楚王，并在彭城东面安营扎寨，准备迎战项梁。项

梁率军来到秦嘉阵前，对兵士们说："陈王第一个举起反秦的旗帜，打了败仗，现在下落不明。秦嘉于是就背叛陈王而立景驹，真是大逆不道。"说完，他就

被誉为汉代艺术品之冠的西汉长信宫灯（局部）

汉代青铜器中的奇葩（局部）

挥师冲击秦嘉的阵地。秦嘉军大败而逃，项梁乘胜追击。在胡陵，秦嘉重新集合军队，又与项梁大战一日，结果秦嘉战死，败军则全部缴械投降，景驹逃到梁地，也被项梁派人追杀了。

以楚怀王为号召

项梁战胜秦嘉后，驻军胡陵，准备稍事休整后继续西征。此时，秦将章邯的军队已到了栗县。项梁于是派将军朱鸡石、余樊君前去迎战。余樊君战死，朱鸡石战败逃往胡陵。项梁杀朱鸡石。不久，陈胜牺牲的消息被证实了。为了商量对策，项梁在薛县召集诸

将会议。这时，一个叫范增的人跑到薛县来见项梁，他对项梁说："陈胜的失败是当然的。秦吞并六国，其中最无辜的就是我们楚国了。当年楚怀王到秦国，一去而不复返，最后死在那里。对于这件事，楚人悲悯至今而不能忘怀。所以楚南公要说'楚虽三户，亡秦必楚'。如今陈胜率先造反，不立楚国国君的后代，反而自己称王，当然就不能长久。将军崛起于江东，楚地纷纷而起的将军们都争相投奔你，就因为你是楚国世代将门之后，一定能使楚国国君的后代再续国脉。"项梁觉得范增的话很有道理，就派人四处打听楚怀王孙熊心的下落。

熊心流落民间多年，隐姓埋名，靠为人牧羊度日。项梁找到了他，就立他为王，仍称楚怀王，以迎合楚地人民怀念楚怀王的心理。又定都盱眙，以陈婴为相国，他自己则号称武信君。以楚怀王为号召，项梁在各路诸侯中更显得不同凡响了。

盛酒和粮食的秦代铜钫
方形的壶在战国以前叫壶，到了秦汉时起了个专名叫"钫"，长颈、大腹、有盖，用以盛酒浆或粮食，盛行于战国末至西汉初。《说文解字》："钫，方钟也。"

> 历史文化百科

〔皇帝恩准聚众饮酒称大酺〕
酺即众人聚饮。秦汉法律禁止众人无故聚饮。根据汉律，凡无故聚饮者，处罚金。大酺，是皇帝恩准的一种庆典。汉时，"大酺五日"可能是此类庆典的最高规格。

○二四

武臣称赵王

武臣奉陈胜之命进军赵地。在张耳、陈余的煽动下，他在赵地自立为王，并不再西进攻秦，而是扩大和巩固自己的地盘。

蒯彻建议召降

陈胜在陈县称王后，迅速派吴广率兵西击荥阳。张耳、陈余则建议他再派一支军队向北进攻，占领赵地。陈胜接受了这个建议，任命他的老朋友武臣为主将，邵骚为护军，张耳、陈余为左右校尉，率三千精兵北上。张耳、陈余没能当上主将，对陈胜很不满。

武臣受命之后，很快率军渡过黄河，北上作战。他们每到一地，便号召那里的豪杰们一起反秦，杀秦朝的郡县官吏。武臣还宣称："在这样的时候，如不抓住机会，建立封侯的功业，那还算什么豪杰！"豪杰们纷纷响应武臣，参加了起义军。不久，武臣就拥有一支数万人的队伍，并自号武信君。

汉代的文具——石砚

汉代的砚为沉积岩类变质的板岩，盒中的研墨石呈方形，当尚未使用具有一定硬度和形状的墨锭时，研墨的方法是将小墨丸置于砚面上，加水后用研石相压而研磨成墨汁，故大多数汉砚多伴有研墨石。

〔上林苑〕

秦汉时的皇家范围为上林苑，方圆三百里，苑中养百兽，供天子秋冬射猎。苑中还种植着名果异卉三千余种，修建了几十处宫观别馆。司马相如曾作《上林赋》，极言其侈。

武臣率军攻占了十余座城池。但由于对秦朝的官吏一律格杀，其他城市的秦军越来越拼死抵抗。武臣攻城不下，只好引军向东北方向的范阳（今河北定兴西南）进攻。这时，范阳人蒯彻跑来对武臣说："攻城略地如果一定要用战斗来取胜，恐怕不是上策。听从我的计策，城池可以不攻而下，土地可以不战而得。地方千里，只要以木简传令，就可以平定。这难道不好吗？"

听了蒯彻的话，武臣将信将疑，说："有什么计策，先说来听听。"

蒯彻说："范阳县令徐公，贪生怕死，很想带头投降。可是，如今所破十余城，凡是秦朝任命的官吏一律诛杀。这样一来，边地上的其他城市就只有拼死抵抗，一个个都固若金汤，哪里还攻得破！倒不如封范阳令为侯，让他坐着豪华的马车，在燕、赵之地的郊外行驶。守城的秦朝官吏看见了，就会不战而降了。"武臣被蒯彻说动了，派出一百辆战车、二百骑兵，让蒯彻带着侯印去见徐公。徐公果然接受了侯印，开城向武臣投降。消息不胫而走，赵地的三十余座城市马上闻风而降。不久，武臣就占领了邯郸。

张耳、陈余策动武臣自立

这时，张耳、陈余听说陈胜派出西进的部队被秦朝章邯的军队击破，又听说陈胜听信小人谗言，杀了

公元前 183 年

世界大事记

汉尼拔约于是年在小亚细亚比的提尼亚国王的宫中被迫服毒自杀。

《史记·张耳陈余列传》

《史记》

武臣
张耳
陈余

谋略
挑唆

人物　关键词　故事来源

不少有功的战将，觉得有机可乘，就对武臣说："陈王在蕲县起义，到陈县就称王了。可见，不一定非要六国的后裔才能称王。将军率领三千人马北上，如今占领了赵地几十座城市，整个黄河以北要将军一个人来指挥。如果将军不称王，恐怕不容易统辖。何况陈王喜听谗言，他听说将军已经占领了河北，将军恐怕就要遭殃了！将军现在究竟是想要立陈王的兄弟为王，还是要立赵国的后代为王呢？望将军抓住时机，机不可失，时不再来。"

张耳、陈余的这一番话，终于打动了武臣。武臣遂自立为赵王，以陈余为大将军，张耳为右丞相，邵骚为左丞相。接着他派人向陈胜报告自己已经称王。陈胜大怒，准备杀掉武臣等人的全家，并派兵攻打武臣。相国房君劝道："秦朝还未推翻，杀了武臣等人的全家，就等于又多了一个敌人。还是顺水推舟，对武臣表示祝贺，命令他迅速向西攻击秦朝。"陈胜听从

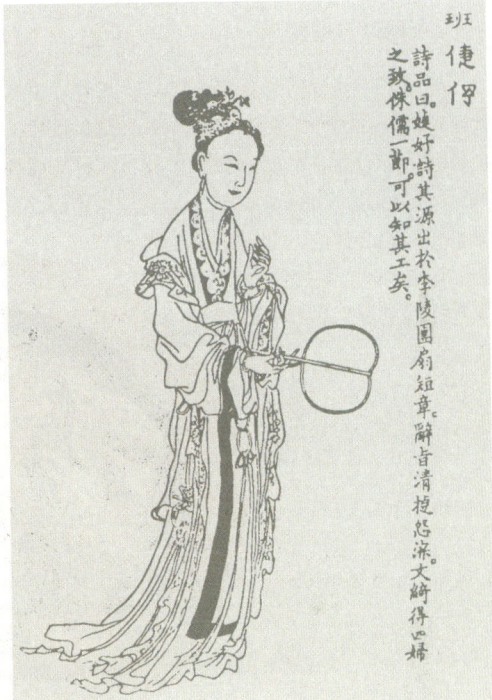

女诗人班婕妤
班婕妤 (约前48年－前6年)，诗人，名不详，楼烦 (今山西宁武) 人，汉成帝初即位时选入宫中。此图出自清代上官周的《晚笑堂画传》。

了房君的劝告，把武臣等人的家属全都软禁在宫中，还封了张耳的儿子张敖为成都君。

不久，陈胜的使者来到邯郸，为武臣带来了陈王的祝贺和命令。张耳、陈余又对武臣说："称王的事，陈胜内心是不同意的。派人前来祝贺，这是一个阴谋。等到有一天他灭了秦朝，就会来进攻我们的。我们现在不要西攻，而是分兵南北，扩大地盘。到时候，我们南据黄河之险，北守燕、代之固，陈胜即使消灭了秦朝，也不敢来攻打我们。"武臣觉得他俩说得很对，就派韩广率兵攻占燕地，李良率兵攻占常山，张黡攻占上党，扩大和巩固自己的地盘。

〇二五

韩广称燕王

燕地豪杰助韩广

韩广原来是秦朝的县吏，投降武臣后受到重用，成为赵国的将军。武臣派他率军北上攻占燕地；燕地的豪杰都很拥护他，希望他能自立为燕王，重新恢复燕国的江山。韩广有自立为王的野心，可也有些犯难。想想自己的母亲和家人都在武臣手中，一旦称王，全家人性命难保；可是，如果不称王，就会使燕地的豪杰失望，自己就难以在燕地立足了。左右为难之际，有人对他说："赵王现在正自顾不暇呢！西面

武臣派韩广率军北上攻占燕地，燕地的豪杰都很拥护他。在燕地豪杰的支持下，韩广真的就自称起燕王来了。

有秦军大兵压境，南面有楚军虎视眈眈，他哪里还有力量来与我们作对。楚王兵力强，却也不敢加害于赵王和他的将相们的家人。想来，赵王也决不会一意孤行，加害于将军的家人。"这番话给韩广吃了一颗定心丸。在燕地豪杰的支持下，韩广真的就自称起燕王来了。

韩广捉放武臣

武臣听说韩广自称燕王，便与张耳、陈余引军北攻燕地。一日，武臣带了几个随从，穿着普通人的服装外出，不料在半路上被燕军截获了。韩广囚禁了武臣，并派人与张耳、陈余交涉，要他们以赵国一半的土地来换回武臣。张耳、陈余拒绝了韩广的要求，却不断派使者前往催讨武臣。他们想激怒韩广，好叫他杀了武臣。可韩广总是把张耳、陈余派来的使者杀掉，就是不杀武臣，这使张耳、陈余感到束手无策。

世界最早的天文书

马王堆三号墓出土了两本天文著作——《五星占》和《天文气象杂占》，是世界上保存下来最早的天文书籍。《天文气象杂占》是一种利用天象来占验灾异变故和战争胜败的书籍，上面用朱墨两色绘有云、蜃气、晕、虹、恒星、彗星等各种天象图约250幅，还附有简短的文字说明，内容包括图像的名称、解释、占文等。该书中记录的自然现象却是很有价值的科学资料。书上绘有29幅彗星图像，皆画出彗核、彗发和彗尾，是世界上有关彗星形态的最早记录，反映出我国古代在天文观测研究方面所取得的突出成就。这是《天文气象杂占》中的杂占图。

汉代白虎瓦当（上图）

出土于汉长安城遗址，瓦当直径约19厘米。图中所示的白虎形状在全身斑纹的装饰下，显得神采奕奕。图案在雕塑手法上，点与线以及当面关系的处理上匠心独到，妙趣天成。

> ▷历史文化百科◁
>
> 〔退休的谦称：乞骸骨〕
>
> 秦汉时，官吏自请退休，谦称"乞骸骨"。意思是乞回骸骨，归葬故乡。《汉书·陈平传》谓项羽为陈平施反间计所惑而疑范增，范增大怒曰："天下事大定矣，君王自为之！愿乞骸骨归！"

公元前 180 年

世界大事记

埃及托勒密五世去世，托勒密六世继位，其母克娄巴特拉一世摄政。

〈史记·陈涉世家〉

韩广 张耳 谋略
陈余 武臣 善思

人物 关键词 故事来源

赵军中有一个养卒（伙夫），是个很有心计的人。一天，他跟同屋里的人说："如果派我为使者，

《倢伃挡熊图》（清·金延标绘）

冯倢伃是汉元帝的妃子，一次随帝观看斗兽，熊丛兽圈跳出，左右侍从皆惊走，冯倢伃临危不俱，以身挡熊。此画取材于刘向《列女传》的历史故事。

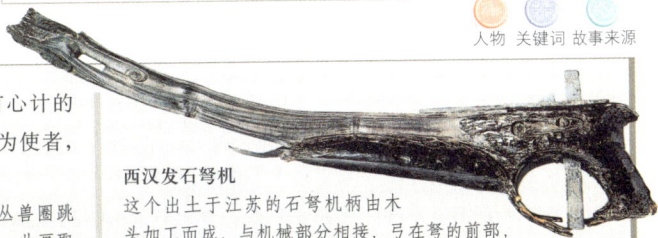

西汉发石弩机

这个出土于江苏的石弩机柄由木头加工而成，与机械部分相接，弓在弩的前部，即现在空着的槽上，柄的后端和尖部是青铜器。

到了那里，我就能驾着车，把赵王接回来。"同屋的人听他这么说，还以为他不过是在吹牛，就嘲笑他说："十几次派使者去要人，到那儿都被杀掉了。你还会有什么本事，能接了赵王一起回来？"这养卒对同屋人的嘲笑并不理会，竟擅自跑到燕军营垒前，叫开了军营的大门。一见到守营的军官，他就问："知道我为什么来吗？"那军官说："你不就是来要赵王吗？""那么，你知道张耳和陈余是怎样的人吗？"他问那个军官。军官说："都是很有本事的人啊！""知道就好"，他说，"那么我再问你，你知道他们想干什么吗？"军官说："那不是明摆着要我们放赵王回去嘛！"听了这军官的回答，这养卒笑了，说："看来你还真不知道张耳、陈余要干什么。武臣、张耳和陈余，兵不血刃，就夺取了赵地的几十座城市。他们都是想要南面称王的人物，谁都不会心甘情愿地做一辈子的将相。张耳、陈余因为看到时机尚未成熟，自己的毛羽尚未丰满，所以不敢马上就称王。燕国现在囚禁赵王，他们俩表面上要你们交还他，心里却巴不得你们把他杀了。赵王一死，他们俩不就可以把赵地一分为二，各自称王了吗！一个赵国就足以消灭燕国。如果让这么两个有本事的人称了王，带领军队左右夹攻燕国，号称为赵王报仇，燕国更不堪一击了！"

一席话，讲得头头是道，那军官马上向韩广报告。韩广也觉得有理，下令释放武臣。于是，那养卒驾着车，把武臣接回了赵国军营。不久，武臣把韩广的母亲及家属，全都送到燕国。

〇二六

齐国复立

田儋出身于齐国王族，自立为齐王。田儋战死后，堂弟田荣立田儋子田市为王。

田儋为齐王

狄人田儋，是齐国的王族。田儋和他的堂弟田荣、田横，都是齐地的豪杰，在当地很有声望。陈涉的大将周市受命攻占魏地，然后北进攻狄（今山东高青县高苑城北），却遇到了激烈的抵抗。田儋见时机成熟，便绑了自家的一个奴仆，由几个人押解着，去见狄县县令。佯称奴仆犯罪，请求县令准许他把这个犯罪的奴仆杀掉。那县令不知是计，还想问个究竟，结果被田儋乘机杀了。

田儋杀了县令，立刻召集狄县官吏和豪杰，对他们说："现在诸侯们都反叛秦朝，自立为王。齐是古国，我田儋是齐国的王族，也应该称王了。"于是，

憨态可掬的铜镇

汉镇是压席用具，一般用金属铸造，体积不大。这两件铜镇采用汉代人喜爱的熊的造型，把肥大的熊体处理得憨厚可爱，为单调的室内布置增添了活泼气氛。

田儋自立为齐王，并迅速发兵攻打周市。周市不备，吃了败仗，只好引兵退走。田儋遂率军向东进攻，一举平定了齐地。

田荣立田市

周市兵退魏地，有人劝他自立为王，周市不肯，而立魏公子魏咎为魏王。不久，秦将章邯率军在临济（今河南封丘东）包围了魏咎。魏咎派人向田儋求救。田儋急速发兵，至临济城下，被章邯夜袭得手，战死。而田荣收拾残兵，败走东阿，又被章邯率军团团围住。幸亏项梁援兵赶到，击溃了章邯军，这才解了东阿之围。

这时，齐地的一些豪杰听说田儋已死，就拥立王族田假为王，田角为相。田荣大怒，率兵攻田假。田假逃到楚国，田角和弟弟田间逃到赵国。田荣于是立田儋的儿子田市为齐王，自己为相，田横为将军。不

纹饰华美的马王堆彩绘陶盒

我国古代漆器的制作工艺发展到汉代达到鼎盛时期。当时中央政府设有专门的管理机构，地方上也设有工官负责具体的生产管理。其器物设计制作多从实用出发，分工很细，有上工、漆工、画工、雕工等。漆器的胎多为木质，也有竹胎。色彩以红黑为主，造型丰富，变化多端，纹饰清新华美，有云气纹、动物纹、人物纹、植物纹、几何纹等，装饰手法有彩绘、针刻、铜扣、贴金片、堆漆等。汉代的漆器品种较前代有所增加，有盒、盘、匣、案、耳环、碟、碗、奁、箱、梳、尺、唾壶、面罩、棋盘、虎子等。当时的漆器产地很广，遍布全国。

久，项梁派使者请齐、赵出兵共击章邯。田荣则要求楚国杀田假，赵国杀田角、田间。楚、赵两国拒绝了田荣的要求，田荣则拒不出兵。结果，项梁兵败被杀，项羽由此深恨田荣。

田荣自立

项羽入咸阳分封诸侯，改齐王田市为胶东王；齐将田都因为背叛田荣，率兵跟随项羽作战，被封为齐王；田安是齐国末代国王田建的孙子，田假的侄子，受封为济北王。田荣未得封王，又得知项羽封田都为齐王，大怒，遂发兵攻田都。田都不堪一击，逃到楚国。田荣又不允许田市去胶东即位。田市胆小，恐怕项羽会来报复，还是带了一班人马偷偷地去了即墨（今山东平度东南），但被田荣追兵赶到，也枉送了一条性命。之后，田荣又命令彭越去攻打田安，田安也兵败被杀，就这样，田荣重新平定了齐地，并自立为齐王。

体现古代漆器最高技艺的马王堆三号墓漆壶

长沙马王堆汉墓共出土精美漆器 700 余件，数量之大、出土之集中，为我国历史之最。这批漆器的类型主要有鼎、盒、壶、钫、卮、勺、匕、耳杯、盘、奁、案、杯具盒等，其中又以耳杯和盘数量最多。漆器绝大多为木胎，装饰方法有漆绘、油彩绘、针刻、贴金箔金彩绘等，装饰花纹多为流动的卷云纹、龙凤纹、涡旋纹等，线条刚柔相济，笔势婉约流利，构图疏密有致，具有很高的艺术性。

>历史文化百科<

〔马王堆帛书〕

1973 年湖南长沙马王堆三号汉墓出土的帛书，计二十六件，十二万多字；字体或篆或隶，多数为汉初手抄，少数可能是秦始皇焚书前的抄本；大部分为古佚书，或内容与今本有异，是研究先秦和汉初历史的珍贵资料。

〇二七

张良立志复韩

买刺客伏击始皇帝

张良是韩国贵族的后裔，他的太祖、高祖、曾祖、祖父和父亲，都是韩国的国相，他们家可算是的的确确的"相门"了。父亲死的时候张良还很小，不然的话，他大概也是要当韩国的国相的。秦灭韩，张良满怀家国之恨，立志复仇。他把家中的财产都用来招募刺客，要去刺杀秦始皇，以至于他的弟弟死了，都草草掩埋了事。后来，他终于找到了一个甘心为他卖命的勇士。此人力大无比，一百多斤重的铁锥，使起来轻如弹丸。有一次，始皇帝东巡至博浪沙，张良带着那个勇士早就埋伏在一旁，只等始皇帝的座驾走近了，那勇士便将大铁锥奋力掷去。可惜他们看准的并不是始皇帝的座驾，而是近卫军军官坐的副车，始皇帝这才逃过一劫。始皇帝大怒，下令在全国范围内搜捕刺客。张良于是隐姓埋名，逃到下邳，在那里躲藏起来。

秦末汉初军事谋略家张良（上图）

> **历史文化百科**
>
> 〔三纲五常〕
>
> 三纲五常是汉代政治道德、社会道德、家庭道德以及个人道德的总概括。所谓三纲，强调的是天道，君臣、父子、夫妇关系都要符合君为臣纲，父为子纲，夫为妻纲的天道。所谓五常，即仁、义、理、智、信。

张良是韩国贵族的后裔。秦灭韩，张良满怀家国之恨，立志复仇。后来他说动项梁，立韩国公子韩成为韩王。

黄石老授兵书

据说，张良在下邳，有一次外出闲游，走到一座桥上。这时，有一老人，穿一件黄黑色的衣服，走到张良跟前。他故意地将自己的一只鞋子踢到桥下，然后看着张良，对他说："年轻人，去把我的鞋子捡过来！"张良被这突如其来的事情搞得很恼怒，真想揍他一顿。但看他那副老态龙钟的样子，又不忍心，于是强压怒火，替老人把鞋子捡了回来。谁知老人并不满足，还要张良给他穿上。张良想想自己既已帮他把鞋子捡回来了，再帮他穿上也不妨，就半蹲半跪地替老人穿鞋。老人跷着腿，舒舒服服地让张良给他穿上鞋，然后笑呵呵地自顾自走了。猛然间，张良觉得事有蹊跷，遂大惊，以为遇到了奇人。他的目光紧随着老人的背影，目送着老人远去。老人走了大约有一里路，又返回桥上，对张良说："你这个年轻人，当是个可造之材。五天之后，天刚亮时，我们再到这里来会面。"

知道自己遇见了奇人，张良当时就跪拜老人，表示一定遵命。到了第五天黎明时，张良去桥上赴约，老人已等在那里。一见到张良，他就不客气地说："你跟老人约会，居然迟到，有这种道理吗？"他要张良过五天以后再来，来得早一点。又过了五天，那天鸡一叫，张良就赶去了。没想到这一次老人又

公元前 175 年

世界大事记

塞琉古四世被谋杀，其弟安条克四世继位。

《史记·项羽本纪》
《史记·留侯世家》

张良　忠义
项梁　谋略
刘邦

人物　关键词　故事来源

世界上最早的透光铜镜：西汉透光铜镜

青铜制镜在中国由来已久，西汉时期还制造出了世界上最早的透光镜。这种镜的镜面与普通铜镜一样光可照人，但若将镜面置于日光下反射日光时，镜背面的图案文字悉映于墙壁，就好像光线能够透过金属镜面，把背面的文字反射出来一样。这面西汉透光镜镜背铭文为"见日之光，天下大明"。

汉张留侯祠

张良庙位于陕西留坝县城北十五公里的紫柏山下，为纪念西汉著名政治家张良而建，布局奇特，错落有致。张良庙牌楼青砖砌就，高宽各达九米，给人雄浑厚重之感。这座牌楼竟有五重垛拱，有走兽飞龙装饰。两边砖墙虽然是厚达数米的实心墙，却在青砖上雕镂出"卍"字形窗棂，是不可多得的建筑妙品。

留侯张良

张良，字子房，祖先五代为韩国丞相。刘邦起兵反秦，张良就为他出谋划策，屡败秦军，攻入咸阳，鸿门宴上，张良全力掩护刘邦脱险。凭智慧计谋辅佐刘邦平定天下。刘邦称帝，张良被封为留侯。此后为保护太子、平定黥布叛乱、攻占重镇马邑，张良屡出良策妙计。晚年好黄老之术，辞官退隐。此图出自清代上官周的《晚笑堂画传》。

比自己先到。老人生气地问他为什么还要迟到，要他过五天再来，一定要早。五天以后，还没有过半夜，张良就来到桥上等候。过了不多时，老人也来了。他看见张良已经在桥上等他，很是高兴，说这样才对。然后他取出一卷书交给张良，说："读过此书，可以为帝王师。再过十年，当有王者兴。十三年后，你到济北来见我。当地谷城山下的黄石就是我的化身。"说完，老人就走了。天亮后，张良发现老人送他的书，竟是久已失传的《太公兵法》。得此异书，张良时时研读背诵。

中国大事记

汉朝废止盗铸钱令。文帝赐邓通蜀严道铜山（在今四川荥经北），使自铸钱。吴王刘濞有豫章铜山，也铸钱。吴、邓钱遍天下。

西南夷地区的青铜牛文化（下图及右页图）

在西南不少民族中，自古以来以牛作为财富的标志，故人们常在房屋山脊、门前悬挂牛头。此铜枕以牛为饰，大概也出于这种意思，铜枕作马鞍形，两端上翘，各铸一圆雕立牛，中间有浮雕立牛三头。

说项梁复立韩国

在下邳，张良也表现得很仗义。项羽的一个叔父，叫项伯，因为杀了人，被官府追捕，张良就帮助他躲藏起来。后来陈胜起兵，天下响应，张良也聚集了百余青年。景驹自立为楚假王，张良要去投奔，路上遇到刘邦。当时刘邦率兵数千，正在下邳西部作战，张良就跟随了刘邦。他总是运用自己从《太公兵法》上学来的东西向刘邦献计献策。刘邦很听得进，经常采用他的计策。而当张良对别的什么人谈起自己的意见，却没有谁能听得懂。张良于是认为刘邦是天命所属，决心从此跟定刘邦，完全打消了去投奔景驹的念头。

后来张良跟刘邦到薛县去见项梁。那时项梁立楚怀王孙熊心为楚怀王，张良就乘机对项梁说：

"您已经复立了楚国，而韩国的公子横阳君韩成也很贤明，可以立他为韩王，这样楚国就可以多一个盟友。"那时尚不知韩成隐匿何处，项梁就派张良去找。张良找到了韩成，项梁于是立韩成为韩王，并以张良为司徒，让他们率兵去恢复韩国故地。韩国复立，总算了却了张良的一个心愿。

圯上受书

张良圯上受书的故事极为人们喜爱，口耳相传二千年而不厌。此图出自清末民初马骀的《马骀画宝》。

西南夷地区的青铜牛文化

〇二八

项羽杀卿子冠军

项梁战败而死

宋义贻误军机，被项羽以"谋反"的罪名杀掉。楚怀王又任命项羽为上将军。

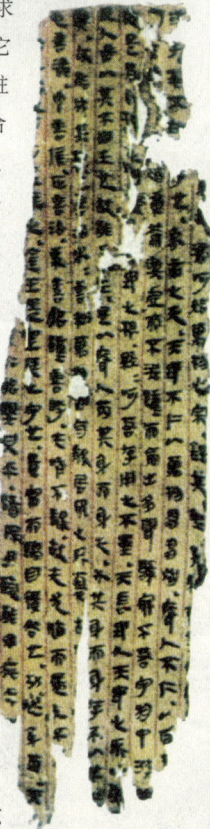

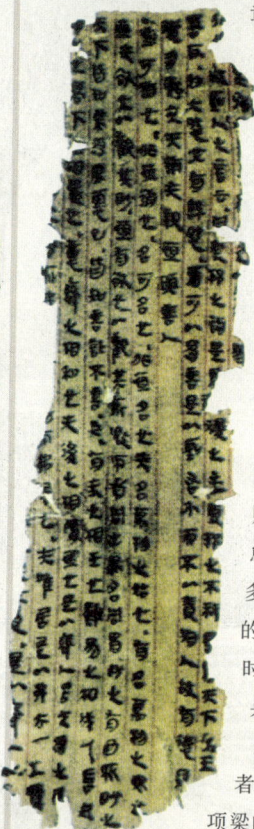

秦将章邯打败了陈胜之后，又进军临济，攻打魏王咎。魏王见章邯军来势汹汹，就派周市向齐、楚求救。于是齐王田儋、楚将项它火速率军援魏。齐、楚联军驻扎在临济城下，准备与魏军合击章邯。章邯见势不妙，乘齐、楚联军立足未稳，于深夜发兵偷袭，大破齐、楚军，杀田儋与周市。魏王见大势已去，为保全城中百姓，准备投降章邯。在与章邯约定投降之后，魏王放火自焚，他的弟弟魏豹则逃奔楚怀王。楚怀王于是派兵数千给魏豹，叫他去收复魏地。

临济兵败之后，齐王田儋的堂弟田荣，收拾残兵败将，退走东阿，结果被章邯的追兵围困在那里。当时，项梁正率军攻打亢父。听说田荣在东阿形势吃紧，急速驰援，在东阿城下大败章邯军。东阿解围，田荣引兵东

归齐地，项梁则乘胜追击章邯军，并命令项羽和刘邦去进攻城阳。项羽和刘邦攻陷城阳，纵兵滥杀，项梁则在濮阳东再次大败章邯军，迫使章邯退守濮阳城。紧接着项羽和刘邦奉命攻打定陶。定陶未曾攻下，他们又向西进攻，一直打到雍丘，在那里大败秦军，并斩获秦朝的三川郡守李由（李斯长子）。项梁攻濮阳受阻，转而攻定陶，又胜。

楚军的节节胜利，使项梁越来越轻敌，以为自己可以无坚不摧。这时，一个叫宋义的人对他说："打了胜仗就将骄兵惰，一定会导致失败。如今，士兵们已稍有懈怠，而秦军的援兵却越来越多，我真为你担心啊！"这样的话，项梁根本听不进去。当时项梁正在不断地敦促齐国出兵西进，就派宋义出使齐国。宋义在半道上遇见齐国的使者高陵君，就问他是不是去见项梁的。使者对他说是。宋义就说："在我看来，项梁是肯定要失败的。你慢慢走则可以免于一死，走快了就难免有杀身之祸。"果然，也就是在这时，秦朝的军队倾巢出动，增援章邯。章邯得到大部队增援，直扑定陶。项梁措手不及，兵败定陶，于乱阵中战死。

具有重要史料价值的马王堆帛书

长沙马王堆出土的帛书分高48厘米和42厘米两种，分别用整幅和半幅的帛书横放直写，整幅每行60~70字，半幅每行30余字，帛书内容共有书籍20多种，总字数达12万多字。帛书涉及古代哲学、历史和科学技术等多方面的内容，文献内容丰富，具有十分重要的史料价值。

公元前174年

世界大事记

大月氏人入主中亚伊塞克湖、伊犁河流域，击败塞种（萨迦）人，迫其南迁。塞种人横越葱岭，开始征服罽宾（今克什米尔）。

项梁　宋义　项羽

骄傲　果断　愚蠢

卿子冠军

《史记·项羽本纪》

人物　典故　关键词　故事来源

卿子冠军的"运筹帷幄"

　　楚军大败，军心动摇。楚怀王迁都彭城，并亲自掌握军权。此时，齐使高陵君也来到了彭城。他对楚王说："宋义曾经预言项梁必败。数日之间，项梁果然就败了。仗还没打，他就能预知胜负，这才是真正懂得用兵之道啊！"楚怀王于是召来宋义，跟他商议军事，觉得他果然不同凡响，就任命他为上将军，而项羽为次将，范增为末将，派他们率军援赵，并下令全军将领一律听命于宋义，号称"卿子冠军"。

　　宋义率军援赵，行军至安阳，便安营扎寨，整整四十六日按兵不动。项羽对他说："秦军现在把赵国的军队团团围住，形势紧急，我们应该迅速引军渡河，与赵军一起，对秦军形成内外夹击之势，才有战胜秦军的把握。"宋义不听，说："牛虻所要攻击

虞姬

霸王别姬的故事可歌可泣，感人至深。人们同情项羽，更怜悯虞姬。此图出自清代上官周的《晚笑堂画传》。

虞姬

和楚王坑下歌云汉兵已略地四面楚歌声大王意气盡殘妾何聊生

西汉玉剑珌

玉珌。剑鞘上装饰。同"琫"、"鞞"。《诗·小雅·瞻彼洛矣》："君子至止，鞞琫有珌。"

> 历史文化百科 <

〔秦汉时期的天文记录——《五星占》〕

　　1973年长沙马王堆三号墓出土的《五星占》，记录了二千一百多年前人们对五大行星运动和彗星的长期观察，保存了重要数据。所列自秦始皇元年（前246年）至汉文帝三年（前177年）的木星、土星和金星的位置和它们在一个会合周期内的动态表，都相当精确。

的是牛，而不是牛身上的虱子。眼下，章邯兵势正盛，等他打败了赵国，就成了强弩之末，消灭他可以不费吹灰之力。如果是章邯败了，楚军无后顾之忧，就可以长驱西进，一举推翻秦朝。所以，不如

冥界陶井

汉代人视死如生，所以他们陪葬的明器大量是日常生活器具，这件陶井模型有水斗，水槽、滑轮等的附件，是汉代井灌的真实反映，也许在汉代人看来，冥界与人世生活没有什么区别。

坐视秦赵斗个两败俱伤。在战阵中厮杀，我宋义不如你项羽，但是运筹帷幄，你项羽不如我宋义。"随后，宋义发布命令，军中凡好勇斗狠，一味言战，而不服从军令者，一律处死！他又让儿子宋襄出使齐国，还亲自远送，置酒设宴。

楚怀王顺水推舟

当时天寒下雨，军粮不济，士兵们饥寒交迫。项羽对人说："大家戮力同心，是要去攻打秦军，他却让我们在此地久久地观望等待。今年楚地歉收，眼下正在闹饥荒，士兵们以菜豆为食，而且眼看就要断炊了，可他还在设宴饮酒，而不赶紧渡河进入赵地。那里有粮食，可以让士兵吃饱，然后可以与赵军合力打击章邯，说什么要等章邯势成强弩之末。如今章邯兵力强盛，而赵国新立，尚未站稳脚跟，根本不堪一击。赵国一旦被攻破，秦的力量将更加强大，我们哪里还会有什么可乘之机！我们刚刚打了败仗，怀王连坐都坐不安稳，所以把全部军队都交给他指挥。楚国的安危，也就在眼前这一仗。但是他毫不关心士兵们的生死，只知道把自己的儿子送到齐国去，好躲避战争的危险。这哪里像一个国家所倚重的大臣。"

第二天一早，项羽去见宋义，在帷幄中挥剑砍下了宋义的头颅。然后他提着宋义的头走出来，声称宋义企图联络齐国谋反，楚王密令他把宋义杀了。诸军将领向来都畏服项羽，见他已杀了宋义，更不敢有丝毫反抗。都说是项氏首立楚怀王，现在这样做，则是诛杀乱臣，完全是应该的。他们一致推举项羽为假上将军。项羽又派人追杀宋义之子宋襄。宋襄被杀时，人已进入了齐国地界。项羽又派桓楚去报告楚怀王，说宋义谋反，已被诛杀。楚怀王顺水推舟，以项羽为上将军，把全部军权都交由他掌管。

前一八年

世界大事记 塞琉西王安条克四世进攻埃及。

《史记·项羽本纪》
《史记·张耳陈余列传》

项羽　章邯
破釜沉舟
果断　勇敢

人物　典故　关键词　故事来源

巨鹿之战

破釜沉舟，决死一战

项羽杀了卿子冠军宋义，威震楚国，名闻诸侯。其时，秦军将赵军团团围在巨鹿，形势十分严峻。项羽于是命令他的副将英布和蒲将军，率军二万渡漳水，驰援巨鹿，与章邯军接战。由于楚军的参战，巨鹿的战争的形势开始变得对起义军有利了。这时，赵国大将军陈余要求项羽再派兵增援。项羽遂率全军渡漳水，并下令凿沉渡船，砸碎炊具，焚毁茅舍，全

秦军将赵军团团围在巨鹿，形势十分严峻。唯有楚军，英勇善战，一以当十，杀声震天。之后，诸侯军对楚军无不心存恐惧，一律服从项羽的指挥。

军将士每人只准备三天的口粮，以示决死一战的信念。

项羽的破釜沉舟之举，极大地激发了楚军将士的斗志。他们渡过漳水后，长驱疾进，迅速将秦将王离的部队包围，并断绝其军需供应。经过九次激烈的战斗，项羽大破王离军，击毙苏角，生

淮阴侯
韩信功勋卓著，最终以谋反罪被处以极刑。对于这样一位英雄人物，人们还是寄予了深深的同情。此图出自清代上官周的《晚笑堂画传》。

淮陰侯

宋诛议後公足超侯崩而诛壇拜日息膝厚踌定五湖心
隆準早御同鳥蒙將軍兔定五湖心

西汉高床家屋
这件随葬陶器是汉代人视死如生观的体现，他们认为，冥界和人世生活是一样的。

> 历史文化百科 <

〔秦汉居民的主食〕

秦汉时期居民主食的构成与先秦时期相比发生了两个重要的变化：首先，传统作物黍的重要性减弱，小麦的地位明显攀升。其次，随着粟、麦、稻主导地位的确立，以及多种粮食作物的广泛栽培，大豆逐渐由主食转向副食。这两个变化对后代的饮食结构产生了深远影响。

中国建筑体系在汉代大致形成

汉代是中国古代建筑的第一个高峰。此时高台建筑减少,多屋楼阁大量增加,庭院式的布局已基本定型,并和当时的政治、经济、宗法、礼制等制度密切结合,足以满足社会多方面的需要——中国建筑体系已大致形成。

擒王离。当时,在所有前往巨鹿救援的诸侯军中,真正敢纵兵与秦军交战的,只有项羽的部队,其他的都只是坚壁不出。秦楚交兵,他们只是在壁上观望。当他们看到楚军战士一个个奋勇善战,一以当十,杀声震天,便无不对楚军心存恐惧。及项羽击败王离军,在战场上召见诸侯将领时,这些人一入辕门,就一个个跪了下来,膝行至项羽面前,甚至没有勇气抬头正视项羽。从此,诸侯军一律服从项羽的指挥。

秦军主力投降

项羽在巨鹿大败王离,章邯兵退棘原,项羽则在漳水南岸布阵。两军对峙,章邯并不敢接战,一退再退。秦二世派人斥责章邯,说他胆小怠战。章邯很害怕,连忙派司马欣回咸阳见二世皇帝,请示该怎么办。司马欣回到咸阳,赵高却不让他入宫。司马欣担心被赵高杀掉,乘人不备,又逃回章邯军。赵高发觉司马欣跑了,赶紧派人追杀。没想到

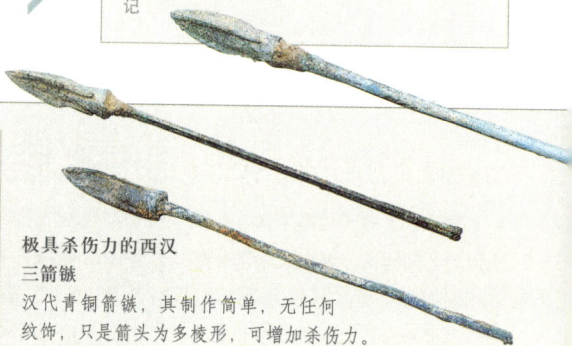

极具杀伤力的西汉三箭镞

汉代青铜箭镞,其制作简单,无任何纹饰,只是箭头为多棱形,可增加杀伤力。

司马欣对此早有准备,并没有走大道,而是从小路逃脱了。见到章邯,司马欣对他说:"现在朝廷里一切都听命于赵高,我们这些人再也不可能有什么作为了。如今我们即便是打了胜仗,赵高也一定是忌妒我们的;一旦战败了,那就更是死路一条。"司马欣要章邯好好想一想,下一步该怎么办。这时陈余也修书章邯,说过去白起为秦国的将军,南征北战,攻城略地,立下了无数的功勋,却最终被赐死;蒙恬为秦国的将军,为秦国驱逐戎狄,开拓数千里疆土,结果还是被砍掉了脑袋。功高震主的人,秦国总是要借机会将他们铲除掉的。陈余还向章邯指出,他带兵打了三年的仗,死了数十万将士,起来造反的人却越来越多;那些立了大功的人尚且不免一死,

汉代画像钱

世界大事记

公元前 171 年 ＞ 帕提亚（安息）王米特拉达梯一世继位。其在位期间，是帕提亚极盛时期，并与罗马发生联系。马其顿王佩尔修斯组织反罗马同盟，第三次马其顿战争开始。

他的下场也决不会好。陈余还说，赵高是靠拍马哄骗，才蒙混到今天的，如今秦朝危在旦夕，纸已经包不住火，赵高也担心事情一旦败露，二世皇帝肯定要拿他问罪，所以一定会嫁祸于人，让章邯去给他顶罪；章邯长时间领兵在外，朝廷里却不断有人在说他的坏话，无论立功与否，都只有死路一条。最后，他奉劝章邯倒戈，与起义的各路诸侯共同推翻秦朝，事成之后，则可以裂土分疆，称王一方。

章邯是个多疑的人，听了陈余的话，他动了心，但又不放心，就派人与项羽接触，想要试探试探。项羽看出章邯还心存观望，就命令蒲将军连夜引兵在三户渡漳水，在漳河南岸与秦军再战，秦军又一次战败。接着，项羽又在汙水河边，与章邯军决战，再一次大败秦军。眼看着大势已去，章邯下决心投降项羽。此时，项羽的部队也已经缺粮，不利再战，就接受了章邯的投降。章邯见到项羽，痛哭流涕，诉说着赵高的种种阴险狡诈。项羽立章邯为雍王，但对他并不放心，只是让他跟着楚军一起行动。对司马欣，项羽还比较信任，任命他为上将军，让他率领投降的秦军。

象征吉祥如意的玉蝉
1995年徐州狮子山楚王陵出土，该玉蝉玉色纯白，完全仿真制作而成，雕琢极尽精致，刻划入微，为雌雄一对，是西汉早期玉雕艺术的精品力作。该玉蝉有一穿孔，被认为可能是佩玉。

刘邦入咸阳

刘邦一路向西疾进，并且采取"投降者受封"的政策，所过郡县纷纷投降，最终迫使子婴投降，率先进入咸阳。

接受张良警告

楚怀王命宋义、项羽北上救赵，同时又令刘邦西进入关，约定先入关者为关中王。那时候刘邦急于入关，但作战并不是很顺利。有时候为快速前进，他甚至放弃对秦朝一些重要的军事据点的攻击。后来张良率军与他一起西进，见他居然连南阳郡的宛城都不攻击，就对他说："沛公您虽然急于入关，但目前秦朝的兵势还很盛，并且据险而守。如今你不攻下宛城就要继续西进，宛城的守军如果从我们的后面进攻，而前面又有秦朝精锐之师的阻击，我们腹背受敌，这可是很危险的！"张良的警告，使刘邦猛醒。当天夜里，他命令部队秘密地绕道返回，赶在天亮之前，把宛城团团围住。

汉高祖入关图（宋·赵伯驹绘）

这幅画用长卷表现了楚汉相争的时候汉高祖已入咸阳，而项羽方抵达潼关，以极大胆的方式处理了潼关至咸阳的地理空间，而歌颂了刘邦的具有伟大历史意义的胜利。

投降者受封

眼看城将不保，守在城中的南阳太守急得要拔剑自刎。他的一个门客叫陈恢的对他说："现在还没到要死的时候！"在听了陈恢的建议之后，太守派陈恢翻墙出城，面见刘邦。陈恢对刘邦说："我听人说怀王与将领们有先入咸阳为关中王的约定。如今你不去攻咸阳反而留下来攻打宛城。你要知道，宛城是南阳郡都，连着几十个县城，无论官吏还是老百姓都认为投降必死，所以都上了城墙，坚守城池。今天你如果想猛攻一日，打不下就走，你会因此而死伤许多士兵，而我们肯定要从后面攻击你。这样，你因为延误了时间，让别人抢先把咸阳占了，而且你的后面还有从宛城出动的强大秦军的进攻。我为你考虑，不如就把宛城封给现在的太守，以换取他的投降，让他帮你守宛城，并带领他的军队一起西进。所过之处，秦朝未投降的城市，听说你的大军到了，都会争先恐后地打开城门来欢迎你。你可以一路西进，再没有后顾之忧。"

接受了南阳太守的投降，刘邦引兵向西，所过郡县，果然都开城投降。刘邦又下令军队不允许掳掠，深受秦地人民的欢迎。公元前207年八月，刘邦大军攻克武关。赵高知道大势已去，杀掉了秦二世，又派人与刘邦谈判，希望能与刘邦在关中分地而王，刘邦不允许。不几天，子婴杀赵高，并派军驻守峣关。刘邦欲发兵攻

约法三章

公元前206年，刘邦率军攻入咸阳，并约法三章，收到了取信于民和收揽民心的效果，堪称刘邦政治生涯中的得意之作，也是中国历史佳话。此图出自《帝鉴图说》。

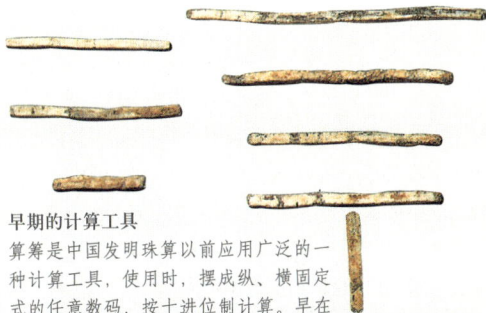

早期的计算工具

算筹是中国发明珠算以前应用广泛的一种计算工具，使用时，摆成纵、横固定式的任意数码，按十进位制计算。早在春秋战国时期，算筹已经成为一种普遍的计算工具。到汉代算筹有策、筹等名称，有竹、铅、骨等质地。西汉时筹算已经发展到相当完备的程度。

山，在蓝田南面大破秦军。又乘胜追击，在蓝田的北面大破秦军。

与关中百姓约法三章

公元前206年一月，秦王子婴向刘邦投降。有人劝刘邦杀了子婴，刘邦觉得还是应该宽容些，何况人家已经投降了，杀了恐怕不合天意，就把子婴关了起来。在咸阳，刘邦看到秦朝的宫室、帷帐无比壮观华丽，宫殿里的上千美女，还有狗马玩好，更是让他心旷神怡。他想就留住在秦宫里，结果遭到樊哙的激烈

西汉金属算筹

汉代数学成就巨大，这组陕西西安出土的西汉金属算筹，说明当时人讲究算法，并能为实践服务的特点。算筹是算盘的雏形。

打，张良对他说："目前秦军的力量还比较强，不要小看它了，还是派人在山上多布一些旗帜，以为疑兵之计，让秦军不敢来攻打我们；再派郦食其、陆贾去与秦将接触，诱之以利，让他们跟我们合作。"果然秦将愿意与刘邦合作，刘邦也同意了。但张良觉得这些秦将虽然愿意反叛，可士兵们不一定会听从他们，不如乘秦将现在毫无防备，立刻实施突袭。刘邦也觉得机不可失，马上率兵绕过峣关，翻越黄

反对。樊哙对他说："你是要夺取天下，还是就做一个富家翁？所有这些奢侈华丽的东西，都导致了秦朝的灭亡，你为什么还要去碰它们！还是迅速回灞上去，决不能留宿秦宫！"刘邦不肯听。张良说："秦朝做了违背天意的事，所以你才会有今天。你今天一入咸阳，就要把那些东西拿来享受，这不是恶上加恶吗！忠言逆耳利于行，良药苦口利于病，希望你能听从樊哙的劝告！"刘邦终于克制住私欲，返回灞上。不

汉代带厕所的猪圈
反映汉代百姓生活的陶器中，带厕所的猪圈颇为有趣，厕所架在猪圈上，有的猪圈左右各建一个厕所，并有通道与地面相连。

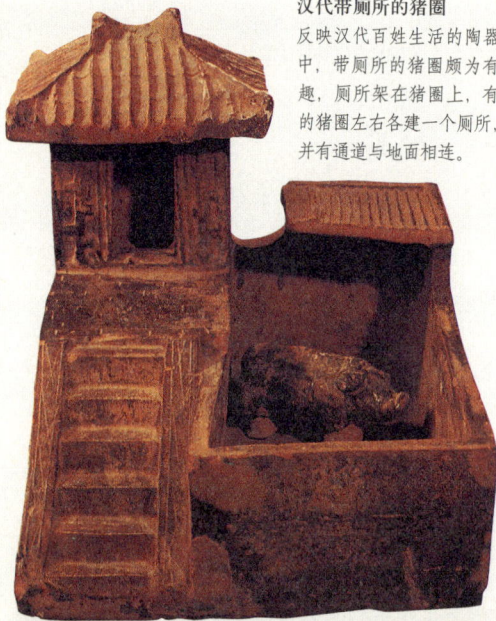

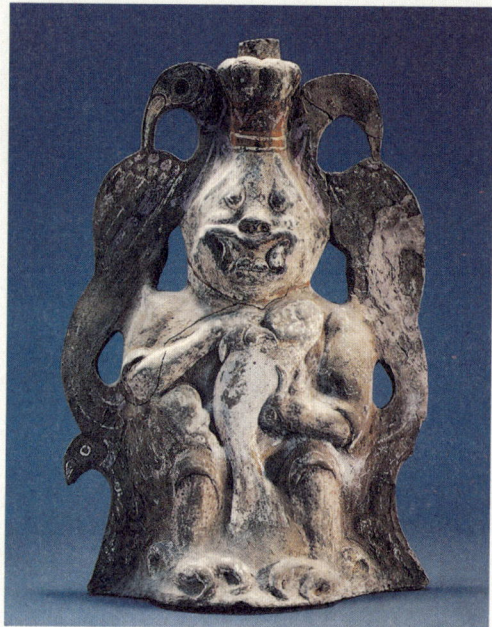

西汉双鸟怪兽陶壁壶
壶高45厘米，宽25厘米，河南省荥阳北部乡牛口峪出土。壶头为蒜头状，壶体正面高浮雕一呈坐姿的怪兽。怪兽面部肥胖，嘴大张露出四齿，脖子短粗，身呈人体状，着衣捋袖，手脚均为鹰爪，双手抱一鱼。壶两侧上下各塑二鸟，长尾下垂与下部鸟首相接。双鸟怪兽彩绘陶壶，带有浓厚的宗教迷信色彩，可能与远古神话传说有关。

> **历史文化百科** <
〔出行前的必要程式——祭祀祖神〕
　　祖是秦汉时期最具影响力的行神。祭祀祖神是出行前的必要程式，以此可以祈福消灾。除行前祀祖神，汉代还有午日和正月上丁日祀神的习俗。祭祀祖神的活动通常伴有送别宴饮，称作"祖饯"。在上流社会中，文人在祖饯活动中赋诗作文成为时尚。

久，刘邦召集咸阳地方上的三老豪杰，对他们说："老百姓受秦朝苛法的折磨已经很久了！我与诸侯有约在先，先入关者为关中王。我现在应该就是关中王了。我跟你们约定一个简简单单的法令：杀人者抵命，伤人、偷盗者按轻重抵罪。秦朝所有的法令一概废除，吏民的生活一切照旧。"关中百姓大喜，争相带了牛、羊和酒等食物来犒劳刘邦的兵士。刘邦又对百姓们说："我的仓库里粮食充足，所以不希望再让你们破费了。"百姓们听了这话，又高兴得不得了，唯恐刘邦不在关中为王。

项羽
刘邦
张良
项伯
樊哙
范增

项庄舞剑
意在沛公

谋略

《史记·项羽本纪》
《史记·高祖本纪》

人物　典故　关键词　故事来源

○三一

项羽破关而入

项羽在章邯投降后，便一路疾速西进。到了函谷关，见关门紧闭，有士兵把守，又听说刘邦已先他进入咸阳，大怒，命令黥布率军击杀守关的士兵，挥师入关。他传令军中："天一亮士兵就开饭，然后我们就把沛公的军队打败！"当时，项羽率军四十万，刘邦率军十万，眼看刘邦已危在旦夕。项羽的叔父项伯和张良是好朋友，他听说张良在刘邦军中，便乘夜骑马赶去见张良，要张良赶快跟他一起逃走。张良不肯，马上去见刘邦。

鸿门宴

刘邦率先入关，激怒了项羽。好在项伯从中斡旋，刘邦又再三表示诚意，才使项羽怒意稍解，刘邦得以侥幸逃脱。

刘邦大惊，叫张良去请项伯，说是要以对待兄长的礼节来接见项伯。

张良请来项伯，刘邦为项伯敬酒祝寿，并约定将来儿女通婚。然后刘邦对项伯说："我引兵入关，秋毫不敢有所取，簿籍和府库一概封存，只等项将军来验收。我之所以派军把守函谷关，是要防备有强盗出入和其他意

鸿门宴

公元前206年，军事上处于劣势的刘邦为了避免与项羽决战，听从张良的建议，亲自到鸿门赴宴，与项羽言好求和。鸿门宴上，虽不乏美酒佳肴，但却暗藏杀机。在上图出自清末民初马骀的《马骀画宝》，左下图出自明刻本《两汉开国中兴志传》，右图出自清刻本《历代名将图说》。

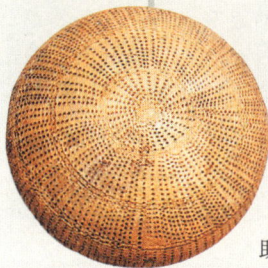

汉代南越王墓陶响器

陶扁圆响器，中空，内有小砂粒，摇之作响。两面纹饰不同，一面为放射式篦点纹，另一面饰圆圈戳印纹，其作用类似现代的沙槌，当为古代的乐器。

外。我日夜都在盼望着项将军能快一点来，哪里还会存心反对他！希望您能把我决不会背叛的事实完完全全地告诉项将军。"项伯答应了刘邦的请求，并叫他第二天天一亮，就早早地去见项羽，他自己则连夜赶回，面见项羽，把刘邦的话告诉他。

> **历史文化百科**

〔六艺〕

六艺原指礼、乐、书、术、射、御六种科目，汉以后指《易》、《诗》、《书》、《春秋》、《礼》、《乐》六部儒家经典，合称为《六经》。

项庄舞剑

第二天一早，刘邦带着百余人马去见项羽。项羽告诉刘邦，他是听了曹无伤的话才起疑心的。宴会上，项羽的谋士范增，几次三番暗示项羽动手除掉刘邦，但项羽并不理会。范增起身外出，把项羽的堂弟项庄叫来，要他以祝寿为名，舞剑助兴，乘机杀了刘邦。项庄进入帷帐，先祝寿，然后说道："项王与沛公宴饮，可惜军中没有什么可以助兴的，请允许我以舞剑助兴。"

项庄拔剑起舞，项伯便也起身舞剑，时时以身体护翼刘邦。张良见大事不好，跑出去找到樊哙。樊哙立刻带剑拥盾，直入军帐，立于刘邦身旁，双目逼视项羽，头发上指，目眦尽裂。项羽心里有些发悚，一手按剑，单腿跪地，作出应敌的准备，问道："这位客人是做什么的？"张良说："这是沛公的参乘，名叫樊哙。"项羽说："真是壮士啊！赏一壶酒给他。"樊哙接了酒，谢过项羽，把酒一饮而尽。项羽又叫人赏一只猪前腿给樊哙。侍者送来一只生的，樊哙也不在乎，把生猪腿摁在盾上，用剑切开，一块一块地硬是给生吃了。项羽问樊哙："壮士，还能再喝吗？"樊哙说："臣死都不怕，还怕喝酒吗！"然后，他话锋一转，说道："秦王有虎狼之心，杀人唯恐不多，刑罚更是无所不用其极，结果天下人都起来反对他。楚怀王与大家约定'先破秦而入咸阳者为关中王'。如今沛公先破秦而入咸阳，秋毫不取，封闭宫室，率领军队驻扎在灞上，等着大王入关。他所以要派军队守关，不过是提防强盗出入和其他意外。这样劳苦功高，不但没有封侯之赏，反而因为听信一些闲言碎语，就要诛杀有功之臣，这是在步秦朝的后尘。"项羽听了樊哙的这番话，哑口无言，只是请樊哙坐。樊哙就挨着张良坐下。

河南洛阳烧沟六十一号汉墓壁画的对饮场面（上图及左页下图）
汉代的酿酒业虽然一再被统治者限制，但随着酒曲技术的进步，酒的品种逐步增多，酿酒业仍然得到较大发展。汉墓壁画中对饮场面的出现，亦是当时情景的反映。

不一会儿，刘邦起身，说是要上厕所，要樊哙陪他去。

出了帷帐，刘邦对樊哙说："我们现在不告而别，恐怕道理上讲不过去，真不知如何是好。"樊哙说："如今人为刀俎，我为鱼肉，还是逃命要紧，别的都顾不上了。" 刘邦把张良留下，让他去向项羽告别，留下白璧和玉斗各一双，要张良分送给项羽和范增。

活埋秦降卒
公元前207年，项羽率主力在巨鹿之战中大破秦军主力，将二十万降卒全部活埋。此图出自明刻本《新刻按鉴编集二十四帝通俗演义全汉志传》。

临行前他还嘱咐张良，估计他已回到军中，才可以去跟项羽辞行。张良奉命行事。其时，项羽坐在帐中久等刘邦不来，正有些疑心，只见张良走进来说，刘邦因为酒喝得太多，醉了，不便前来辞行。说着，他拿出白璧一双，献给项羽，拿出玉斗一双，献给范增，说是刘邦要他转赠的。项羽问刘邦现在在哪里，张良说："他感到将军您有意要拿他问罪，就不告而别，现在已到回自己的驻地了。"项羽似乎并不很在意，接过玉璧放在桌上。范增则怒火中烧，把玉斗扔在地上，拔剑击碎，还咬牙切齿地说项羽："竖子（这小子）真不值得跟他共图天下大事！将来夺取天下的，一定是沛公了，我们这些人就要成为他的俘虏了！"

那边，刘邦一回到军营，就把曹无伤抓起来杀掉了。

095

○三二

"沐猴而冠"

项羽引兵入咸阳，纵兵屠杀，又放火烧秦朝的宫殿，大火烧了三个月还没有熄灭。他还把已经向起义军投降的秦王子婴给杀了，准备带着从咸阳掳掠来的金银珠玉和美女，回自己的家乡去。项羽的残暴和贪婪，使秦人大失所望。相比之下，刘邦进入咸阳时，一切秋毫无犯。这使秦人更加对刘邦感恩戴德。

项羽要东归，一个姓韩的读书人对他说："关中这个地方，有山河之险可以凭据，东有函谷关，南有

西楚霸王

项羽入咸阳，大肆掠夺金银珠玉和美女，又纵兵屠杀，放火烧秦朝宫殿，而后重新分封诸侯，自号西楚霸王。

武关，西有散关，北有萧关，攻守皆宜，而且土地肥沃。这些，可都是称霸天下的有利条件。"项羽觉得他讲得有点道理。可是一想，秦朝的宫室都让自己给烧得残破不堪，咸阳已失去了往日的气派，留在这里未必就有什么好。而此时，他又回家心切，便对那姓韩的说："富贵不归故乡，就好像是穿着锦绣之衣在夜里行走，那又有谁知道你穿得如此漂亮呢！"

项羽称霸

公元前206年，项羽已打败秦军，攻入咸阳，自恃功高，要主宰天下，他一方面把楚怀王远徙江南，同时以"灭秦定天下者"自诩，自封为西楚霸王，定都彭城，又以霸主身份，分封了十八位诸侯王，封刘邦为汉王，管辖边远的巴、蜀、汉三郡。下左图出自清代金古良的《无双谱》，右图出自清刻本《历代古人像赞》。

西楚霸王项籍

项王

世界大事记

安条克四世去世，幼子安条克五世继位。罗马分裂埃及王国，由托勒密六世和托勒密八世分别统治。

项羽
刘邦 张良

沐猴而冠

骄傲
韬晦

《史记·项羽本纪》

人物　典故　关键词　故事来源

意的。楚怀王派人告诉他，当初约定，谁先入关中，谁就为关中王，这意思分明是要刘邦做关中王。项羽见楚怀王如此属意刘邦，大怒。他对属下说："把他立为怀王，那是我们项氏的功劳。他没有一点点功劳，凭什么擅自立约！想当初举兵反秦，封诸侯的后代为王，是为了壮大反秦的力量。但是真正戴盔穿甲，手拿武器，领头造反，三年来在战场上征战，最终消灭秦朝平定天下的，是诸位将相和我项羽。"于是，项羽提出，由他来重新分封诸侯。他表面上尊楚怀王为"义帝"，却把义帝迁往长沙郴县。自己则号称西楚霸王，凌驾于其他诸侯王之上，定都于彭城。对刘邦，项羽猜忌很深，就把他封为汉王，领有巴、蜀、汉中之地。又三分关中，封章邯为雍王，司马欣为塞王，董翳为翟王，用他们三人来钳制刘邦。

刘邦为汉王

刘邦因为得不到关中，大怒，欲发兵攻打项羽。樊哙、周勃、灌婴都劝他忍一忍，但劝不住。这时萧何对他说："巴、蜀、汉中，地方是穷了些，总比死要好些吧？"刘邦问："怎么就一定是死呢？"萧何说："项羽现在人多势众，跟他打，一定是百战百败，难道还会有生路吗！一个人要有屈于一人之下的气量，

色彩丰富的条纹绦

新疆和阗出土的汉代多色竖条纹绦，制作精细，色彩丰富，是汉代纺织业进步的一个好例子。

那姓韩的读书人是很尖刻的，他听了项羽的这一番话，就私下里对人说："我就听人说，楚人就像那猕猴一般，戴着一顶帽子，就到处招摇过市，生怕人家不知道他戴着帽子呢！项羽果然是个这样的东西。"此话不知怎么就传到了项羽的耳朵里，项羽恼羞成怒，派人把韩生抓了来，活活地把他给煮死。

重新分封诸侯

项羽要离开关中，却也不想让刘邦占据咸阳，他派人去请示楚怀王。对于楚怀王，项羽是很少敬

> **历史文化百科**
>
> **〔皇帝的专用御道——驰道〕**
>
> 作为皇帝的专用道路驰道，朝廷付诸了极大的关注，其规划和施工都是由中央集中统一实行。驰道遍布全国各地，道路宽阔、稳固并建有防尘树木是驰道的特征，通常路面宽度在五十米以上。驰道的管理制度十分严格，其核心内容是禁止皇帝以外的其他人穿越驰道和在驰道上行走，违规者要受到没收交通工具的处罚。

有朝一日他才可能得逞于万人之上，汤、武不都是如此吗？希望大王在汉中好好为王，让那里的百姓安居乐业，选择贤能的人为您效劳，日后不仅可以攻取关中，还可以夺取天下。"刘邦听从了萧何的劝告。临

怀铅握椠

西汉扬雄著《方言》，是我国最早的方言学著作。为写《方言》，扬雄经常拿着石墨和木简，向各地管理人事、户口、赋税等事务的官吏了解全国各处的方言词语，用以增补以往的方言资料。后人以此为典，又作"怀铅"或"握椠"，也可作"怀铅握椠"或"怀铅吮墨"，均形容勤于学习著述。此图出自清刻本《历代帝贤像》。

杨雄

>历史文化百科<

〔我国最早的方言学著作《方言》〕

西汉扬雄著《方言》，全名为《𬨎轩使者绝代语释别国方言》，或为《扬子方言》等，是我国最早的方言学著作。其体例模仿《尔雅》，分类编集各地方言同义词语，一名一物皆详述其他地域言语之异同，大略反映了汉代及先秦不同方言的分布情况。

掘秦王墓

项羽率军进入咸阳，杀了秦王子婴，掘了秦始皇墓，又放火烧秦宫，以致大火三月不灭，所有财宝都被洗劫一空。这是项羽掘秦王墓图。此二图出自明刻本《新刻按鉴编集二十四帝通俗演义全汉志传》。

行前，刘邦赏给张良许多黄金和珠宝，张良都拿去转送给了项伯。刘邦知道后，又请张良替他转送给项伯许多财宝，请项伯说服项羽把汉中的全部土地都封给他。项伯得了财宝，果然去找项羽说了，项羽很爽快地答应了。在项羽看来，刘邦是要安心做他的汉王了。张良又劝刘邦，在去汉中的路上，所过栈道一律烧掉，以防备诸侯进兵汉中，同时也可以使项羽相信他不会有夺取天下的野心。

项羽一共分封了十八个诸侯王，当时大家都很顺从，他便以为大功告成，可以从此高枕无忧了，于是他带领人马，浩浩荡荡地回自己的封地去了。到了彭城，他逼迫楚怀王赶快去郴县，然后又命令衡山王吴芮、临江王共敖在楚怀王渡江时将他杀掉。那时，项羽真是不可一世，俨然以霸王自居，真以为天下就是他的了。

○三三

《史记·淮阴侯列传》　　故事来源

胯下之辱　登坛拜将　　典故

懒惰　识才　　关键词

刘邦　萧何　韩信　　人物

受胯下之辱

韩信是淮阴人。年轻时家境贫寒，品行也不好，因此不能被选入官府做吏员。他还游手好闲，不从事生产，也不愿意经商，经常到人家里寄食，很讨人嫌。一次，他在淮水上钓鱼，一个漂纱的老妇见他很饥饿的样子，就把自己带的饭给他吃。以后一连十几天

登坛拜将

韩信是淮阴人，家境贫穷，项梁兵败战死，韩信跟随项羽，曾多次献策，不被项羽采纳。刘邦前往封国时，韩信投奔汉王，但一直未受重用。韩信决定离开汉王，萧何闻讯，立即把他追回，根据萧何的建议，汉王破格拜韩信为大将。拜将仪式后，韩信提出东进袭取"三秦"的战略部署，受到汉王格外赏识。此图出自清末民初马骀的《马骀画宝》。

韩信为将

韩信本是个无赖，在项梁、项羽军中也得不到重用。后来在刘邦那里，因萧何大力举荐，被拜为大将军，并且深得刘邦赏识。

都是如此。韩信很高兴，说将来一定会重重地酬谢。老妇生气地说："大丈夫不能自食其力，我可怜你而给你饭吃，难道还图你报答！"还有一次，淮阴街市上一无赖少年看韩信不顺眼，拦住他说："你这人，长得高高大大，还喜欢带刀佩剑，其实骨子里是个胆小的人。"他当着众人的面，要韩信拿剑刺他。说如若不敢，就从他的胯

千金一饭（明·谢时臣绘）

韩信年轻时家境贫寒，一日他在一位当亭长的好朋友家里做客，亭长之妻对他冷言冷语，并且故意不供给三餐。饥饿难忍的韩信只得到河边钓鱼，碰碰运气，运气不好时，便向河边的洗衣妇讨口饭吃。其中有位老妇人，经常给他饭吃。后来，韩信帮助刘邦得天下，成就一代功名，仍不忘那位救济过他的老妇人，并派人送去千金，以示感谢。

下钻过去。韩信看了看他，然后趴在地上，低头匍伏，从他的胯下钻过去了。见韩信如此怯懦，满街的人都讥笑他是个胆小鬼。后来在项梁、项羽麾下，韩信人微言轻，得不到重用。又投奔刘邦，犯了死

罪。若不是一个叫滕公的人援救,也已做了刀下鬼。因为滕公的推荐,刘邦给韩信做了个治粟都尉,主管征收田赋,他才结识了萧何,并得到萧何的赏识。

萧何大力举荐

刘邦的将士大多是东方人,不服巴、蜀水土,所以都盼望着能够回到东方去。那时候,逃亡的人很多。韩信想,萧何一定向刘邦推荐过我好几次了,刘邦还不重用我,看来不会有什么希望了。终于有一天,他偷偷地跑掉了。萧何听人报告说韩信跑了,就亲自去追。有人便去对刘邦说,萧丞相跑了。过了一天,萧何回来了,说是去追韩信的。刘邦不信,说领逃跑的有几十个,为什么偏偏要去追韩信。萧何说,要夺取天

汉代铜管错金银畋猎图
这是1965年在河北定县的西汉墓葬中出土的一根中空的分节铜管,据专家考证可能是车伞的柄。这根管分为四节,每节都有金银丝嵌错的畋猎图,生动形象地描绘了森林中气势宏大的狩猎场景。

下,非韩信不可。还说像韩信这样的人,让他做个一般的将领是留不住的。刘邦听了,说马上拜韩信为大将。萧何建议,拜大将就应该选一个好日子,斋戒沐浴,设坛场,举行一定的仪式。刘邦听萧何讲得有道理,就让他去操办一切。

建议首攻三秦

当拜将仪式结束,韩信入座,刘邦对他说:"丞相好几次向我推荐将军,将军能教我些什么良策呢?"韩信问刘邦道:"你要向东夺取天下,矛头对准的不就是项羽吗?那么你自己想一想,你在勇悍仁强这些方面,比项王如何?"刘邦沉默了很久,说自己不如项羽。韩信说:"连我也以为大王不如项王。但是我曾经在项羽手下做过事,让我来跟你谈谈他的为人。项王在战场上好勇斗狠,一以当千,但他对属下不能知人善任,所以他有的只是匹夫之勇。项王对人总是一副恭敬慈爱的样子,讲起话来语气也很温和。谁要是生了病,

汉代南越王墓中的南越国乐府铜钩铎(上图)
出土于南越王墓的东耳室,一套共8件,形制基本相同,大小不一。最大者通高64厘米,最小者通高36.8厘米。扁方形实柱体柄,弧形口,一面光素,一面阴刻篆文"文帝九年乐府工造",文下阳刻"第一"至"第八"的编码。体小者以手执柄,以槌击之而鸣。经测定,现存的音质尚佳,仍可用于演奏。

> **历史文化百科**

〔第一部纪传体断代史——《汉书》〕

东汉班固撰写的《汉书》,记述了西汉一代的历史,是我国第一部纪传体断代史。计有十二纪、八表、十志七十列传。班固的父亲班彪曾撰写《后传》六十五篇。班固在此基础上,进一步搜集史料,撰写《汉书》。其中八表和天文志,则由其妹班昭和马续在其死后完成。

他会难过得流泪，把自己的好吃好喝与他分享。但是，一旦人家有了功应当封爵，那封印在他手里捏得棱角都磨圆了，却还是舍不得给人家。所以，他的仁慈，不过是妇人之仁。再说，他称霸天下，却不居关中形胜之地，而把首都放在了彭城；背弃了当初怀王的约定，把所亲爱的人都封了王，大失公平，还把一些原来的诸侯王迁出，封他们的将相为王，连楚怀王也被迁到了郴县；他的军队经过的地方，都被糟蹋得不像个样子；百姓们服从他，只是因为害怕。所以，他虽然名为霸主，但已大失人心，很容易衰弱的。汉王若能反其道而行之，善用天下勇武善战之人，就可以无往而不胜。若能把天下的城邑都封给有功之臣，就不会有谁不听从命令。用迫切希望东归的战士去与东方的敌人作战，那也一定是所向披靡的。"接着，韩信又为刘邦分析了先进军关中的有利条件。他说："关中的三个诸侯王，都是秦朝的降将，带着秦国的子弟打了好几年的仗，死了许许多多的人。最后竟欺骗他们的士兵投降，结果是二十余万降卒在新安被活

秦代铜殳

秦始皇兵马俑三号坑出土。殳是一种似矛无刃的古代仪卫长兵器，圆筒形，首呈多角尖锥状。秦俑一、三号坑内目前共出土31件，用以装柄。殳是一种锤击兵器，与戈、戟、矛等兵器相比较不能用于击刺和钩杀，适于做卫体武器，不适易于战阵，根据文献记载，殳主要是作为一种仪仗兵器。

三号兵马俑坑内担任警卫的殳仗队由64件武士俑组成，沿着周壁面向内两两相向排列，是我国目前发现最早的大型殳仗仪阵俑。

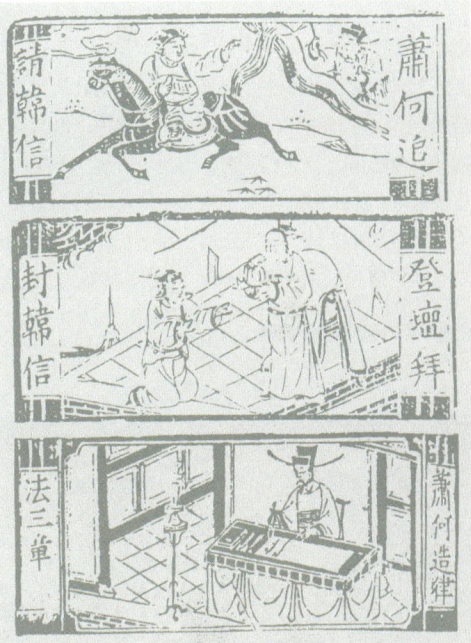

成也萧何，败也萧何

萧何是汉朝开国第一功臣，其治国之才，为世人所景仰。此是有关萧何助刘邦夺取天下和治国安邦的三幅图：追韩信、登坛拜将、造律法三章。前两幅出自明刻本《两汉开国中兴志传》，后一幅出自明万历刻本《京本通俗演义按鉴全汉志传》。

埋，唯独他们三个人还活着。秦人怨恨这三个人，痛入骨髓。他们在项羽的威势下封王，却没有一个秦人会拥戴他们。当初，汉王入关，秋毫无犯，废除秦朝的苛法，与秦人约法三章，大家相安无事。那时，秦人无不希望大王能在关中为王。按照楚怀王与诸侯的约定，大王是应该做关中王的，关中的百姓都知道这件事。大王被封到汉中，秦人无不痛恨项羽。现在大王如果举兵东进，三秦之地，大王的命令一到，就可以平定了。"

韩信的这一番话，说得刘邦非常高兴，恨自己没有早一点认识这样一位人物呢！

○三四

刘邦东进

平定关中，兵下河南

刘邦拜韩信为大将，接受了韩信的建议，部署军队，准备东进。同时，他把萧何留在巴、蜀，为他筹措军需。公元前206年，刘邦亲率大军，必欲先夺取三秦（章邯、司马欣和董翳控制的关中之地）。在

刘邦大军迅速平定关中，进军河南，以为义帝（楚怀王）发丧为名，号召天下共讨项羽。然后，趁项羽后方兵力空虚，率诸侯军攻占彭城。及项羽回师，刘邦惨败。

陈仓，雍王章邯率兵迎击刘邦，一败再败，最后逃到废丘。刘邦大军进入咸阳，同时派兵把章邯包围在废丘，又派各军将领去平定关中其他的地方。随后，刘邦命令军薛欧、王吸率兵出武关，下南阳，会合王陵的部队，去沛县接他的父亲和妻子。王陵也是沛县人，刘邦在沛县起义之后，他也聚集了数千人。后来这支军队占据了南阳，就一直驻守在那里。项羽听说王陵率兵接走了太公和吕雉，连忙派兵据守夏阳，截断了王陵的退路。

刘邦很快就降服了塞王司马欣、翟王董翳和河南王申阳。他又派人去说服韩王郑昌投降。郑昌本来是吴县县令，是项羽封他为韩王的。原来的韩王韩成，因为曾经让张良跟随刘邦，被项羽怀恨在心，不允许他回自己的封国，而是一起带到了彭城，最后被杀掉了。郑昌不肯投降，韩信就发兵猛攻，郑昌抵挡不住，最后还是投降了。刘邦于是把韩襄王孙，一个也叫韩信的人，封为韩王。那时候，凡是投降刘邦的将领，带兵上万，拥有一郡之地的，一律封为万户侯。攻占的地方，凡是秦朝的范围园池，过去不准百姓进入的地方，都开禁了，并允许百姓开垦那里的土地。刘邦所到之处，都很得人心。

河南出土的汉代绿釉陶磨房
视死如生的西汉人认为冥界吃喝穿用样样都不能少，故陪葬器中都不会忘记放一个陶质的磨房。

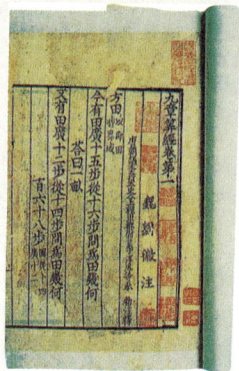

古代数学典籍——西汉《九章算术》（南宋刻本）（上图）
《九章算术》是中国现存最重要的古代数学典籍，它汇总了战国和西汉时期数学发展的成果，几经删订，于公元前后最后成书。书中共列有与生产实践有关的问题246道，其数学理论密切联系实践的风格，深刻影响了此后两千年中国和东方的数学发展道路。

公元前155年

世界大事记

帕提亚吞并米底（伊朗高原西北地区）。

《史记·高祖本纪》

刘邦　项羽　王陵

盟誓　盲动

人物　关键词　故事来源

汉代南越王墓陶响鱼

广州西汉南越王墓出土，是一种乐器，造型古朴可爱。鱼体中空，内藏粗砂粒，摇动能发出"沙沙"响声，类似现代乐器沙槌的效果。

为义帝发丧

刘邦大军到河南，一个姓董的长者拦道而哭，向刘邦诉说义帝（楚怀王）之死。刘邦听了十分悲痛，大哭。这位长者又对刘邦说：顺德者昌，逆德者亡。只有向天下公布项羽杀害义帝的罪行，兴师讨伐，才能得到天下的同情和响应。刘邦明白他的意思，亲自为义帝发丧，并为义帝守灵三日。丧毕，刘邦派使者布告天下诸侯："天下共立义帝，真心服从他。如今，项羽把义帝放逐，最后又杀害了他，真是大逆不道。今天，寡人亲自为义帝发丧，天下诸侯都要身着白衣。我现在将关中的军队全数出动，并带领河东、河

南与河内的壮士，沿着江水、汉水东进，我刘邦愿意和诸侯一起去攻打楚国的那个杀害义帝的家伙！"

直捣彭城，先胜后败

当时，项羽正在对齐国用兵。听说刘邦来攻，项羽也不是很当回事，以为等打败了齐国，再去对付刘邦不迟。乘着这天赐良机，刘邦得以集合了诸侯军队约五六十万，长驱直入彭城。在彭城，他把项羽的财宝和美女都据为己有，每天设宴饮酒，似乎天下已经姓刘了。项羽得知刘邦占了彭城，留下大部分军队继续攻打齐国，自己则率领精兵三万回救。在萧县，项羽首战诸侯联军，取得了胜利。之后，在彭城以东，两军又大战，诸侯联军再败，士卒相随窜入泗水、谷水，淹死十余万人。联军于是向南退却，至灵璧睢水边，与项羽军再战，又大败，被项羽军逼入睢水，又淹死十余万。尸体叠压拥挤，睢水几乎因此而断流。随后，项羽将刘邦和他的最后的部队团团围住。情况非常危急。突然，西北风大作，大树被连根拔起，房屋被刮倒，飞沙走石，天昏地暗，楚军顿时大乱。乘此机会，刘邦带了十几个亲随，骑马向沛县方向逃去。

狮子山西汉楚王陵玉器出土现场

这组玉器发现于江苏徐州狮子山西汉早期楚王墓的御府库中，从右向左依次为玉卮、玉耳杯和玉高足杯，为一组极其珍贵罕见的汉代王室御用酒具。

〇三五

刘邦不慈不孝

项羽威胁要把刘邦的父亲剁碎煮肉羹。刘邦笑着说："有幸请分我一杯！"

欲斩滕公

刘邦想在沛县与父亲和妻子会合，一起逃出险地。而项羽在击败刘邦后，也派人去沛县捉拿刘邦的家属，以图日后可以要挟刘邦。刘邦军败，太公和吕雉知道大事不妙，早已逃之夭夭。刘邦在沛县找不到家人，只好继续逃命，结果在路上与儿子女儿不期而遇。两个孩子跟祖父和母亲跑散了，可以想见他们那时候是多么惊慌。见了父亲，上了父亲的车，心情才稍稍安定。谁知，这时项羽的骑兵也追上来了，刘邦急得把两个孩子从马车上推下去，招呼赶车的滕公驱车疾驶。

彩绘汉墓兵马俑（咸阳杨家湾）
目前发现的西汉兵马俑群以杨家湾西汉兵马俑群数量最多，种类最全，学术研究价值和艺术鉴赏价值也最高。1965年发现于咸阳东北汉高祖刘邦长陵附近的杨家湾，据传墓主人为汉初太尉大将周勃、周亚夫父子。在陪葬坑中出土了2549件陶俑，包括了骑兵俑583件，步兵俑和乐俑1965件以及指挥俑1件，出土时号称有"三千人马"。

滕公即夏侯婴，曾经做过滕县的县令，后来做了掌管御驾的奉车，很得刘邦信任。见刘邦把两个孩子推下车，滕公急忙下车，把他们送回车上。刘邦见追兵已近，再推他下车，滕公又把两个孩子送回车上。这样反复了三次，刘邦恼怒已极。滕公对刘邦说："如今情况再怎么紧急，这马已累得跑不动了，只能慢走，你又何苦把两个孩子丢掉呢！"马车走得很慢，刘邦情急之中，有十几次几乎要拔剑斩了滕公。但是，滕公要救的毕竟是他的儿女。这不正说明滕公对他的忠心吗！他又如何下得了手！在滕公的保护下，两个孩子总算得救了。

"幸分一杯羹"

不幸的是，太公和吕雉落入了项羽的手中。项羽大喜，常常把太公和吕雉带在军中。那时候，楚、汉双方打得难分难解。一次，刘邦带领军队，在荥阳的东面将一支楚军包围起来。这时，项羽带兵前来救

徐州狮子山汉兵马俑一号俑坑军阵英姿

徐州汉兵马俑位于狮子山西麓，为狮子山楚王陵的陪葬兵马俑坑，该处汉兵马俑坑发现于1984年，计有6条俑坑，藏俑4000余件，是继陕西临潼秦始皇兵马俑之后，我国兵马俑考古史上的又一重大发现。

援。听说项羽援兵将至，刘邦马上指挥部队抢占险阻，弄得项羽一筹莫展。两军在那里对峙了几个月，项羽的军队开始缺粮。于是项羽在阵前摆了一个大俎，把太公放在俎上，然后对刘邦大叫："你如果不赶快下来跟我决一死战，我就要把太公剁碎了煮成肉羹！"刘邦听了笑着对项羽大声说道："我与你一起受命于楚怀王，两人约为兄弟，我的爹当然也就是你的爹。你一定要

把你爹做成肉羹，有幸请分我一杯（幸分一杯羹）！"项羽听了大怒，要当场把太公杀了。好在项伯在一旁劝解，说是天下的事情不一定符合人情，何况意在夺取天下的人，是不会顾惜家人的，杀了太公也无济于事，可能还会造成不利呢。项羽听了项伯的话，这才放过了太公。

在危急的时候，对自己的儿女毫不顾惜；眼看自己的父亲就被项羽非常残酷地杀害，仍可以谈笑风生。虽说是英雄，但这种不慈不孝的事情，听起来真让人发指。

狮子山西汉楚王陵墓道内景

狮子山楚王陵位于江苏省徐州市区东部，1995年发掘，该楚王陵墓依山而建，凿石为室，长117米，为一罕见的特大型崖洞墓，墓中出土各类珍贵文物2000余件（套），填补了我国汉代考古的一些空白。

> 历史文化百科

〔简化《汉书》的《汉纪》〕

汉献帝以《汉书》文繁难读，命荀悦仿《左传》体例撰写《汉纪》。这部编年体西汉史，记事起于西汉元年（前206年），终于新莽地皇四年（23年），共三十卷，内容基本不出《汉书》范围，仅偶尔有不同和增补。

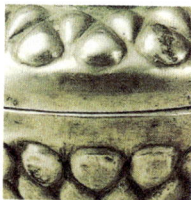

〇三六

黥布叛楚

彭城战败后，刘邦派随何去说服黥布发兵攻楚，把项羽牵制在齐国。随何为黥布分析了楚汉形势。

黥布其人

黥布姓英，原名英布，年轻时犯了法，受了黥刑（在脸上烙上火印），被送到骊山服刑。在骊山，他结交了刑徒中的一批豪侠人物，带领他们逃到长江上做强盗。那时候，"黥布"这个名字大概已经用开了。

陈胜起兵，黥布也想有所作为，跑去见番君，说服他一起造反。番君名叫吴芮，是秦朝的番阳县令，与江湖中人关系融洽，得人心，大家就叫他"番君"。有了番君的支持，黥布联络了一大批壮士。他们把队伍拉了起来，一下子也有好几千人。番君很赏识黥布，就把女儿嫁给了他。项梁大军渡江西进，黥布就投奔了项梁。项梁死后，他又跟着项羽。巨鹿之战，以少胜多，黥布立了很大的功劳。项羽在新安活埋章邯降卒二十万，他是急先锋。后来，项羽封他为九江王，命他去杀义帝，他也照杀不误。

公元前205年，齐王田荣叛楚，项羽前去镇压，要黥布带兵从征。黥布称病，只派了几千人跟去。这是他第一次违抗项羽。此后，刘邦攻克彭城，黥布也不肯出兵助楚。项羽因此怨恨黥布，几次派人去责备他，并要他赶快接受自己的召见。黥布害怕，不敢去。当时，项羽北与齐国和赵国为敌，西与汉国争战，只有跟黥布还不曾反目，何况他很欣赏黥布的才干，想让他为自己所用，才没有对他诉诸武力。

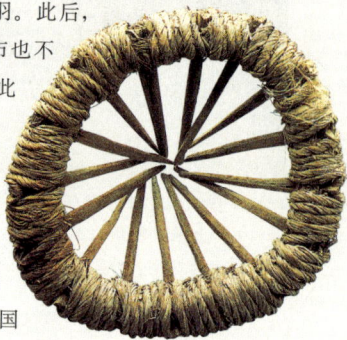

随何论楚汉强弱

刘邦大败于彭城，一路西逃，出了梁的地界，跑到虞城，已经没有追兵，心稍定，看看跟在身边的几个人，叹道："就这样的，真不足以跟他们谋划天下大事。"一个叫随何的说，没有听明白刘邦这句话的意思。

西汉猎具（上图）

随何出使九江

刘邦根据张良的建议，派人南下游说英布，孤立项羽。后英布终于答应叛楚归汉。争取英布的归顺，是刘邦能够在战场上牵制项羽的关键。这是随何游说英布图。此图为明万历刻本《元曲选》插图。

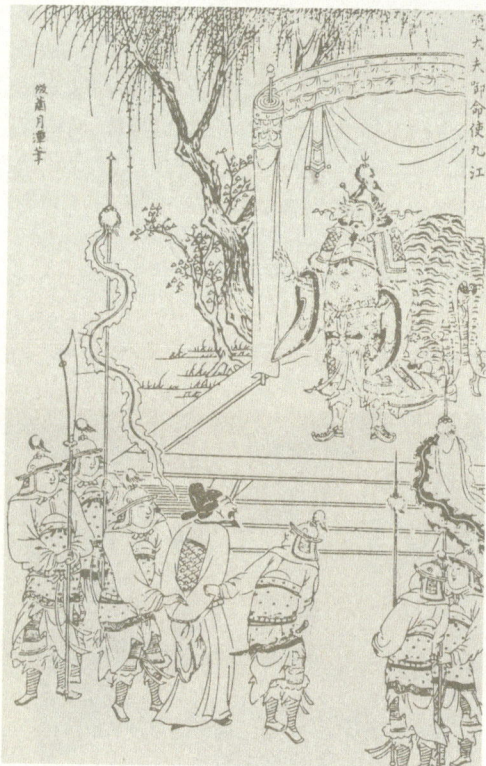

汉王濯足气英布

项羽得知英布叛楚，立即发兵攻打九江，英布兵败。公元前204年十二月，刘邦在荥阳召见英布，当时刘邦正坐在床上让两个美女洗脚，表现得十分傲慢，使英布受辱，怒不可遏，等英布回到住地，一切帐御、饮食、从官的安排，规格竟与汉王差不多，不禁使英布大喜过望。此图为明万历刻本《元曲选》插图。刘邦说，如果有人能为他到黥布那里去一趟，让他发兵攻楚，把项羽在齐国多牵制几个月，他就可以保证夺取天下。随何听了，便自告奋勇地接受了这个任务。

随何见到黥布，说他之所以到现在还臣服于项羽，是因为楚国还可以依靠，而汉的力量太弱。但是，项羽虽然强大，却因为当初分封不公道，背叛了

形制逼真的铜蚕

陕西石泉出土的鎏金铜蚕，形制逼真，造型古朴，很好地体现了有汉一代出色的青铜铸造技术，同时，也表证了西汉蚕的饲养已成为普遍现象。

盟约，而且还杀害了义帝，天下人都说他不义。在这一点上，他的力量并不比刘邦强。随何还为黥布分析了楚、汉战争的形势。指出项羽的军事力量虽然强一些，但刘邦集结诸侯的军队，据守在荥阳、成皋一线，有蜀地和汉中的粮食接济，深挖沟，高筑垒，分兵把守要塞，已使楚军进不能攻，退则处处受到牵制。他还告诉黥布，即使楚军取得了一些军事上的胜利，这也只能导致诸侯人人自危，并因此联合起来抗楚。所以，楚国的强大，恰恰是使天下诸侯与它为敌，这也是汉真正强大的地方。最后，随何要求黥布发兵牵制项羽，并保证刘邦将来一定与他裂地分王，而他现在的封地也还是属于他的。随何的长篇大论和许诺使黥布动了心，答应归顺刘邦。

当时，楚国的使者也住在客舍里，正等着黥布发兵。这里刚送走随何，黥布又跑到楚国的使者那里去，大概是去应付一下。随何知道后，马上跑去，当着黥布的面对楚使者说："九江王已归顺了汉王，你凭什么要求他发兵？"黥布目瞪口呆，楚使者则起身要走，随何连声催促黥布赶快杀了他。黥布见事已至此，只好杀了楚使，归顺了刘邦。

> 历史文化百科 <

〔卖官〕

西汉初制定卖爵令。其后，卖爵成为国家解决财政困难的重要手段，输钱、粟或奴婢，就可以获得爵位。爵位因时论价，每一级约值一千至两千钱。百姓买得爵位，则获得相应的政治地位，可免除徭役，并可以抵罪。惠帝时，买爵三十级，可免死罪。

陈平娶富家女

陈平家很穷，他想找一个有钱人家的女儿。富人张负见陈平一表人材，人虽穷，来往的却都是有身份的人，就把自己的孙女嫁给了他。

想找个有钱人家的女儿

陈平是魏人，从小就喜欢念书。他家里很穷，只有三十亩地。他一直跟哥哥嫂嫂住在一起。他的哥哥叫陈伯，对这个弟弟很好，自己辛辛苦苦种地，却让陈平四出游学。

陈平身材高大，胖胖的，相貌英俊。有人问陈平："你家里这么穷，你是吃什么吃得这么肥的？"这种话，陈平听过也就算了，并不是很在意。陈平的第一个嫂嫂，对陈平不在家从事生产很恼火。她在外面对人说："家里人都快要吃糠秕了，还养着这么个小叔子，真不如没有他了。"陈伯听老婆在外面这样说自己的弟弟，就把她给休了，后来另娶了一个。

陈平到了娶亲的年龄，想找个有钱人家的女儿，可有钱人都不肯将女儿嫁给他。陈平不愿意找穷人家的女儿，觉得那样很没面子。他家乡的富人张负，有一个孙女，嫁了五次，娶她的人都死了。此后，再也没有谁敢娶她，陈平却一直想娶她。

张负识陈平

一次，当地有一富户要办丧事，陈平前去侍丧。做这种侍丧的角色，要最早去，最晚离开。陈平做侍丧，正好张负也去了。他注意到陈平，觉得在场的人中，唯独陈平像个伟男子。陈平此时也感觉到张负在注意自己。侍丧结束，其他人都回去了，陈平见张负还拖在后面，以为张负要跟他说话，可张负并没有理睬他。陈平不得已，就回家了。没想到张负却跟在他的后面，一直跟到他家门口。

陈平的家在外城的一条穷巷里，房门用破草席虚掩着，但是门外却有许多车辙，一望即知是有身份人家的车子。张负想，他如此穷迫，居然还有这么多有身份的人亲自

秦代错金银铜蟠螭纹提梁壶

秦代青铜壶酒器。高21.5厘米，口径8.5厘米。陕西省宝鸡县石羊庙出土。此酒器半环纽球面盖，子母口，溜肩鼓腹圈足，肩部有兽首衔环一对，龙首提梁。壶外壁均错金银和镶嵌绿松石组成的蟠螭纹。古代酒的品种多，故酒盛的器形也各有不同。青铜壶在历史上使用的时间自商至汉代或更晚，因而变化的形式相当复杂，大致可分为圆壶、方壶、扁壶、瓠壶等。

公元前 150 年

世界大事记

亚历山大·巴拉斯自称安条克四世之子，杀德米特里一世，自立为塞琉西王。

〈史记·陈　相世家〉

贫穷　胸怀

陈平分肉

陈平

人物　典故　关键词　故事来源

汉代红蓝三角菱格纹缘及刺绣带

汉代织物喜用几何纹饰，而在各种几何形纹饰中，尤以菱形纹深为当时人喜爱。汉代刺绣的针法，主要是运用辫子绣，以丝线圈套连接而成，单向锁绣表现轮廓，圈排、并排锁绣成面饰，圈套浮线短，不易断裂。汉代的刺绣针法多有着吉祥而极富诗意的名字，在辫子绣中最著名的有"信期绣"、"乘云绣"、"长寿绣"、"茱萸绣"等等。

登门拜访，一定有他的过人之处。回到家中，张负对他的儿子张仲说："我想把你女儿嫁给陈平。"张仲说："我知道陈平这个人，他是个穷光蛋，还什么事都不肯做，我们这整个县的人在笑话他，知道他是怎样的一个人，为什么还要把我女儿嫁给他？"张负说："像陈平那样的美男子，你见到过有总是贫贱的吗？"最后，由张负做主，把孙女嫁给了陈平。因为陈平太穷了，出不起聘礼，办不起婚宴，张负还借钱给陈平。孙女临出嫁前，张负告诫她："不要因为人家穷，就对人家不恭顺体贴。对陈平的哥哥要像对父亲那样，对他的嫂嫂要像对母亲那样。"

历史文化百科

〔贞妇〕

秦汉时，为了提倡礼教，特设贞妇名号，以褒奖妇女严守贞节的行为。秦朝的大富婆寡妇清，行为符合贞妇的标准，始皇帝竟为她修筑女怀清台。汉中期以后，则非常注重对贞妇的褒奖。平帝时，曾下令每乡选一名贞妇为榜样，国家给予其家以免除徭役的优待。

陈平分肉

陈平是汉朝阳武人，交游甚广，颇有人缘。年轻时，里中举行社祭，众人公推陈平为社宰，不论老少分得十分均匀，父老交口称赞："好一个陈平，不愧社宰！"陈平听罢慨叹说："如果我有朝一日当宰相，也去像分肉一般，秉公办事。"后来，陈平成了刘邦的重要谋臣，为汉王朝的建立和巩固，立下了不朽的功勋，果真当了丞相。此图出自明代陈洪绶的《博古叶子》。

陈平分肉

娶了张家的女儿，陈平不断得到张家的资助，结交的朋友也越来越多了。此时的陈平，真是春风得意。有一次，他为里中分肉，分得非常均匀。那时，一个"里"总也有百十户人家。里中的长者见陈平做事情很公正，而且要把一口猪分给这么多户人家，分得大家没意见，也不是一件容易的事，就称赞道："好！姓陈的这个小子做事公道！"陈平听了，很受用，又觉得自己这是大材小用了。他情不自禁地说："遗憾啊！如果让我来主宰天下，我可以做得跟这一样公平！"

〇三八

刘邦重用陈平

刘邦欣赏和重用陈平，但兵败彭城之后，却因谗言而对陈平产生怀疑。

魏无知推荐陈平

反秦起义爆发后，陈平投奔了魏咎。但是，他几次为魏咎出谋划策，都没有被采纳，还有人不断在魏咎那里说陈平的坏话。陈平觉得跟着魏咎恐怕不会有什么大的造化，偷偷地逃跑了。后来，项羽的军队经过魏地，陈平就去投奔了他，并跟随项羽入关。不过项羽也只封了陈平一个虚职，这使陈平很失望。

项羽从关中班师回彭城，陈平也跟着到了彭城。及殷王司马卬叛乱，项羽任命陈平为信武君，命他率军前去镇压。陈平击败司马卬胜利回师，被提拔为都尉，还得到了许多赏赐。不几天，刘邦又攻占了殷王的封地。项羽大怒，要杀掉那些使殷地得而复失的军官们。陈平害怕项羽还会迁怒于自己，把项羽奖给他的黄金和官印派人送还，只身走小路逃跑了。渡河的时候，船主见他堂堂仪表，孤身一人，就怀疑他是个逃亡的将军，身上藏有金玉宝器，不断地用眼睛在他身上搜寻，想找机会杀掉他。陈平害怕极了，遂脱掉衣服，袒露着身子。船主知道他什么也没有，也就不再打他的主意了。

过了河，陈平投到了刘邦军中。随后，一个叫魏无知的人把他推荐给刘邦。刘邦召见他的时候，另外还有九个人同时受召。刘邦请他们吃饭。吃完饭，刘邦说："好了，你们去休息吧。"陈平急了，说："臣是有事而来，我要说的话是不可以过了今天的。"刘邦听了，就把他留了下来，两人谈得很有兴致，刘邦对陈平大为欣赏。刘邦问陈平在项羽那里做什么官，陈平说做了个都尉。当天，刘邦就拜陈平为都尉，让他跟随左右，掌管护军。见陈平新到，就平步青云，将领们喧哗起来，都说："汉王刚得到一个楚国的逃卒，还不知道他到底怎么样，就马上让他跟随左右，同车进出，将军们都要受他的监控。"刘邦听他们这样说，反而更重用陈平了。

刘邦信任陈平

在陈平的辅佐下，刘邦率领军队一路打到彭城。但是，他们在彭城被项羽打得大败，逃回荥阳。在荥阳，周勃、灌婴等人都跟刘邦说陈平的坏话。他们说："陈平虽然外表很英俊，但不过是金玉其外，内里没有什么真东西。我们听说他曾经与他的嫂嫂通奸，还听说他在魏咎那里就不受欢迎，没办法逃到楚国，又呆不下去了，才来投奔汉王。如今大王却让他身居高官，让他来监控军队。我们还听说，陈平受了军官们的贿赂，谁给钱给得多，就让谁占据好的位

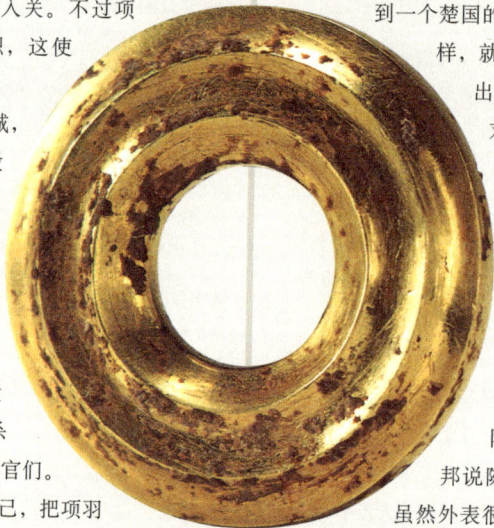

实用战车部件——秦代金节约

金节约是车马器，是实用战车的部件。环体高0.98厘米、外径4.7厘米、内径1.7厘米。环形金节约，体成圆环形，正面鼓起，上有三道阴弦纹，背呈凹槽形，槽内原充填铜，上有四枚两两对称的铜纽鼻，纽鼻已残。陕西西安临潼秦始皇陵一号俑坑出土。

世界大事记

鉴于迦太基重新繁荣，罗马对其发动第三次布匿战争。安德里斯库冒称佩尔修斯之子，发动反罗马起义，第四次马其顿战争爆发，随即被镇压。

刘邦　陈平　魏无知
《史记·陈丞相世家》
识才　谗言
人物　关键词　故事来源

匠心独具的秦代线刻龙凤纹空心砖
建筑用具。砖长72厘米，宽39厘米，厚17厘米，重52.8千克。1974年秦咸阳宫一号宫殿建筑遗址出土。

置，给得少，就没有好差事。陈平是个反复无常而犯上作乱的人，愿大王能够明察秋毫。"

听了这些话，刘邦对陈平有些怀疑了。他把魏无知叫来，责备他不该把这样的人推荐给他。魏无知说："我推荐他是因为他的能力，不是因为他的品行。现在，汉王就是得到像尾生、孝己那样好品行的人，恐怕对于楚、汉间的胜负也不会起什么作用，何况汉王您会有时间去用他们吗？楚、汉相斗，我把能够出奇计奇谋的人推荐给您，是考虑他的计谋确实有利于国家。至于他是否与嫂嫂通奸，是否接受贿赂，又何必多虑呢！"刘邦讲不过魏无知，就把陈平叫来，对他说："先生你先为魏国的臣子，在魏国呆不下去了，

河南洛阳烧沟六十一号汉墓壁画的对饮场面（局部）

又跑到了楚国，如今来到了我这里，让人不能不对你的忠诚产生怀疑。"陈平说："臣为魏王做事，魏王不能用我的计谋，所以我才投奔了项王。项王不能相信人，他喜欢并重用的人，不是那些姓项的，就是他妻子家里的人。虽有奇士他不能用，所以我也离开了他。听说大汉王能用人，我才来投奔的。我身无分文而来，不接受贿赂，无法生活。如果我的计策有可以用的，愿大王能够采用。如果没有可用的，我接受的金钱全都在，可以贴上封条放到府库里去，我也可以就此卸任回乡了。"刘邦觉得他讲得在理，就向他道歉，并重重地奖赏了他。随后，刘邦拜陈平为护军中尉，各护军将领全部受他的节制。见刘邦这样信任陈平，再没有谁敢在刘邦面前说陈平的坏话了。

历史文化百科

〔属于官府的官奴婢〕

秦汉有属于官府的"官奴婢"，最多时以百万数。来源有罪犯及其家属和被没入的私奴婢，以及私人因各种原因而抵充给官府的私奴婢。官奴婢被大量用于官府手工业，或从事各种宫廷或官府的杂役，并用作赏赐。因赦，可以解除官奴婢的身份。

丞相周亚夫因曾经干预景帝废立太子而免职，后以谋反罪入狱，绝食而死。禁卖私酒。

〇三九

反间计

项羽切断了刘邦的运输补给线，把刘邦围困在荥阳，日夜攻城。陈平设离间计，使项羽不再信任钟离昧等将军，也不再信任谋士范增。

将军见疑

项羽切断了刘邦的运输补给线，把刘邦围困在荥阳，日夜攻城。荥阳的形势越来越吃紧。刘邦对陈平说："天下大乱，真不知什么时候可以安定下来！"陈平说："项王的短处，在于他只有范增、钟离昧、龙且、周殷等少数忠心、耿直的大臣。汉王如果真肯拿出数万斤金子，离间他们君臣之间的关系，可以使他们互不信任。项羽妒忌心重，容易听信谗言，这样他们内部就会自相残杀。到那时，汉王举兵进攻，楚军必定失败。"刘邦听了大喜，当下就交给陈平四万斤金子，让他任意支配。陈平于是经常派人送金子给一些贪财的楚军军官，让他们散布谣言：

20世纪中国的四大发现之一居延木简（额济纳河流域出土）

敦煌和居延木简的发掘，被称为20世纪中国的四大发现之一。而今甘肃已出土秦汉敦煌和居延木简的简牍多达六万余枚。对这些距今已二千年左右、由古人写在竹简木片上的文字实物的研究，已形成国际显学——简牍学。这些简牍不仅是历史研究的极其重要的资料，其本身也凝聚了丰富的文化内涵。

用于大宗交易的西汉金饼

西汉的黄金货币是以圆形为基本形状的。1961年山西太原东太堡汉墓出土金饼5枚，重量在210～250克之间，除一枚无文字外，其余背面均刻有不规则文字。这些表示重量的数字与史载和考古发现的黄金一斤等于250克的结论是相符的。汉代金饼也陆续在湖南长沙、衡阳，江苏铜山，河北满城汉墓和窖藏中发现。

"钟离昧等将领为项王带兵打仗，立了许多功，然而却不能分地而王。他们正在与汉王勾结，要与汉联合，消灭项王，把项王的土地瓜分了，各自称王。"项羽听到这些传言，果真不再信任钟离昧等将领了。

谋士乞骸骨

由于运输线已被项羽切断，刘邦眼看支持不住了。他向项羽提出议和，条件是荥阳以西为汉，荥阳以东

世界大事记

塞琉西一世之子德米特里二世率雇佣军返国。

《史记·陈丞相世家》

钟离昧　陈平

范增　项羽

乞骸骨　谋略

人物　典故　关键词　故事来源

历史文化百科

〔汉代的蔬菜〕

汉代蔬菜食品中，绿叶菜类和葱蒜类占据优势地位，葵、韭、藿、薤、葱是当时最重要的五种蔬菜，有"五菜"之称。蔬菜品种分布呈明显的地域性，譬如水生类蔬菜大多产于江南水乡，竹笋是南方的特产。其中的大部分都是汉代开始人工栽培的。这不仅表明当时社会生产的发展，也反映居民饮食生活水平的提高。

造型准确逼真的汉代红釉陶伎乐俑群

七千年前的吴越先民已有烧造陶器的实践，发展到秦、汉之交，已达到制陶史上的鼎盛之时。但由于此时战事不断，社会动荡，越人北迁，陶业生产曾一度遭受影响。西汉至东汉中期，随着政治的逐渐稳定，人口日益增多，陶瓷生产亦迅猛发展。这时生产的陶器以不施釉的高温硬陶和局部施釉的釉陶为主。器形以罍、瓿、罐、壶、盆等日用器为多。这批红釉陶伎乐俑群，造型准确，比例适当，神态逼真，实为罕见之物。

为楚。在范增的力劝下，项羽拒绝议和，率兵急攻荥阳。一时之间，刘邦已没了主意。不久，项羽的使者来见刘邦，陈平叫人以接待天子的礼数来接待他。但是，当进献者向项羽的使者献礼时，假装大吃一惊，

脱口说道："我以为是亚父（范增）的使者，没想到是项羽的使者。"进献者连忙退出，然后用极普通的礼数来招待项羽的使者。使者回去后，把这些情况详细地报告了项羽。项羽居然也相信了。这以后，尽管范增百般催促项羽加紧攻打荥阳城，项羽一概不听，总以为范增另有所图。后来范增感到项羽是在怀疑他，愤怒地说："天下事已基本定了，从此项王你好自为之吧！希望能让我把老骨头就此还乡（愿乞骸骨归）！"项羽既已怀疑范增，当然也不会再留他。范增气得不轻，还没回到家乡，就病倒了，背上长出个疽，遂死于途中。

汉雎阳箭

居延甲渠候官遗址位于今内蒙古自治区，是汉代张掖郡居延都尉所属的官衙及驻地，遗址出土了大量简牍，说明了汉代候官、部这两种边防基本建置的面貌、功能和建筑方法。这支雎阳箭也出土于此。

○四○

武涉遭拒

韩信攻占了临淄，项羽命龙且率军二十万前往救援。龙且看不起韩信，结果兵败身亡。此后，齐地大部分被韩信平定。那时候，韩信真是很得意的。他兵强马壮，请刘邦封他做个假王，刘邦在陈平的劝说下，干脆就封他做了个真王。

汉代朱雀瓦当

出土于汉长安城遗址，瓦当直径约19厘米。朱雀多见于汉代铜镜、印玺、刻石、空心砖上，有"左龙右虎辟不祥，朱雀玄武顺阴阳"之说。图中所示的朱雀凤头鹰喙，鸢颈鱼尾，口衔丹珠，姿势威武。

再说项羽接到消息，说龙且兵败身亡，知道大事不好，就派了个人去策动韩信脱离刘邦。他派去的人叫武涉，据说有三寸不烂之舌。武涉见到韩信，对他讲了一套刘、项、韩三分天下的道理。还挑拨说，一旦项羽被消灭，韩信也将被刘邦收拾掉。韩信对刘邦还是很忠心的，他对武涉说，没有刘邦的信任，他不可能有今天，所以死也不会背叛刘邦。

蒯通论三分天下

蒯通对韩信说，以韩信的实力，助刘邦则刘邦胜，助项羽则项羽胜，但他们哪一个胜了，对韩信都是一种威胁，不如与他们三分天下。韩信最终没有接受他的建议。

韩信再拒蒯通

武涉走了之后，齐人蒯通也想用三分天下的道理去说服韩信。蒯通懂一点相术，他对韩信说："看你的面相，最多也就封侯，而且有不祥的征兆。但看你的背相，那可是贵不可言。"韩信听不懂，问他这话是什么意思，蒯通便说道："以前大家刚开始造反的时候，考虑的只不过是怎样把秦朝给消灭了。如今楚、汉相争，使天下之人

侃侃而谈的蒯通

战国以来的术士，往往凭着口舌之利，翻手为云，覆手为雨。蒯通的"三分天下"如果为韩信所接受，历史就是另一番景象了。此图为明万历刻本《元曲选》插图。

随何赚风魔蒯通

114

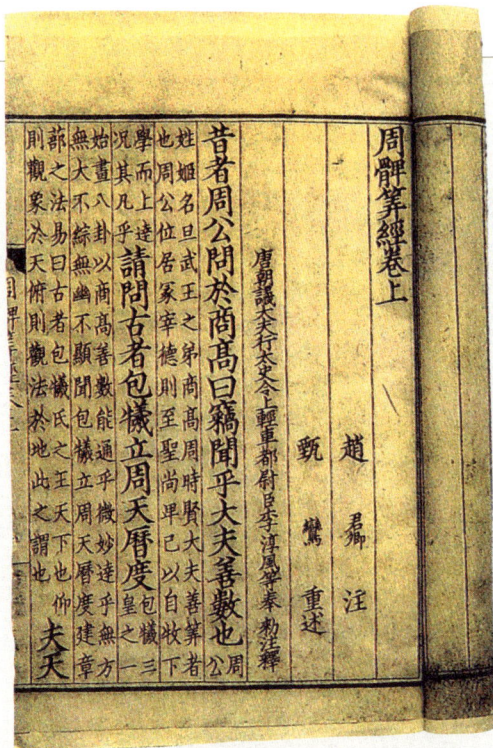

古代数学及天文学专著《周髀算经》

《周髀算经》成书于西汉（约1世纪），是一部数学著作，又是天文学论著。此为南宋时的传刻本书影，是目前传世的最早刻本。

肝胆涂地，无数男儿的尸骨暴露在荒野之上。项羽从彭城发兵，转战克敌，乘胜席卷之势威震天下，但是他终于在荥阳、成皋一线被缠住，顿兵于西山之下而不能前进，至今已有三年。刘邦率十万之众，据守在巩、洛一带，凭借着山河之险，每天数战，经常吃败仗，无战功可言，可以说是智勇全无。现在老百姓都精疲力尽了，满腹怨言，却没有人可以解救他们。按照我的看法，这样的形势，一定要有大智大勇的人出来，才能平息天下的这场大祸。"

蒯通说了这一通，话锋一转说："如今项羽和刘邦的命运，都操在你的手中。你助汉则汉胜，你助楚则楚胜。但如果按照我的意见，最好的办法是对他们双方都有利，使他们都可以生存下去，这就是你与他们三分天下，鼎足而立。这样，日后谁也不敢妄动。以你的大智大勇和你拥有的军队，再以齐地之富饶广

西汉早期罗山铜鼓

这具铜鼓是以青铜合范铸就。鼓形如圆柱柱础，鼓胸束腰，鼓体焊有四个绳纹半耳环。鼓面的图饰，是铜鼓具有很强文化特色的方面。这具铜鼓在鼓面及鼓侧均铸有人物、鸟兽及几何图案。鼓面中央是十二芒太阳纹，芒外第一晕作同心圆纹，第二晕为六组鸟纹，最后一晕为三角齿纹。胸部图纹可分为上下两部分。上部图纹与鼓面鸟纹相似，下部图纹为四组羽人竞渡的图像。其中每条船上各有五人，其中一人执物号令，四人双手执桨划行。划船者均头戴羽毛状高冠。在腰部有用图纹分开的十个方格，每格均有一羽人，手中执物作舞蹈状。这些可能是某种文化活动的反映。

〉历史文化百科〈

〔汉代富人的称谓：高赀〕

汉代富人亦称"高赀"。当时高赀的财富标准，至少必须拥有百万钱以上的财富。但也有人认为拥有三百万钱以上的财富，才称得上是高赀。到西汉后期，一些巨富作为"天下高赀（訾）"，拥有的财富至数千万，乃至一万万钱以上。

被誉为汉代艺术品之冠的西汉长信宫灯

大，燕、赵又俯首听命，从楚、汉兵力的空虚处牵制住它们，为民请命，叫他们停止争斗，天下人都将风从响应，又有谁还敢不服从呢！"

讲完这一番话，蒯通又讲了一通韩信应该如何分地封王的道理，还说这是上天赐予的机会，如果不加以利用，反而会给自己惹祸的。可他的话并没有打动韩信。韩信对他说："汉王对我非常好，我怎么能见利忘义而背叛他呢！"蒯通说："张耳、陈余做平民百姓的时候，两人好得自称是刎颈之交，说是要生死与共。后来张耳怀疑陈余杀了张黡、陈泽，两人就闹翻了，最后张耳杀陈余于泜水之南，陈余身首异处。这两人的交情是天下无双了吧，但最终还是要相害。这是为什么呢？毛病就出在人的贪欲和人心的变幻莫测。你现在想要以忠诚来换取汉王的信任，但总比不上张耳和陈余当初的那份交情吧？何况你跟汉王之间的利害，都比张黡、陈泽这样的事情大。所

以，你坚信汉王不会加害于你，那可是你的一厢情愿了。古时候，越国的大夫文种，救了越国，辅助勾践称霸天下，立了功，成了名，最后还是被勾践杀了。野兽都被猎光了，那猎狗就只好下锅。你跟汉王，论朋友不如张耳跟陈余，论忠信不如文种对勾践。这件事你好好考虑考虑。我听说：'胆量和谋略使君主感到震惊的人，他的性命就危险了，功劳天下第一的人是得不到赏赐的。'如今你有震主之威，有天下第一的功劳，在楚，项羽不会信任你，在汉，刘邦也感到不放心。你想想自己该怎么办呢？"

韩信似乎也觉得蒯通的话很有些道理，说自己要考虑一下。几天后，蒯通又来找韩信，要他当机立断，说人应该多谋善断，机不可失，时不再来。可韩信还是犹豫，不忍心背叛刘邦。他最终还是没有听蒯通的话。蒯通知道事无可为，就离开韩信，从此装疯卖傻。

被誉为汉代艺术品之冠的西汉长信宫灯（左页图）

出土于河北满城县陵山西汉中山靖王后窦绾墓，灯高48厘米，宫女高44.5厘米。铜灯上刻有铭文，"长信宫灯"得名于铭文中的"长信"二字。灯盘可以转动，灯罩可以开合，可以随意调整灯光照射的方向和控制照度的大小。其艺术水平为汉代铜器之冠。

汉代马王堆墓中的云纹漆案及杯盘

长沙马王堆一号墓出土的竹木胎漆制器具共184件，它们包括酒具耳杯、漆具杯盒，盛放食物或酒的盘、盂、壶，摆放器物的案，主要为日常生活用具。图为马王堆一号墓出土的漆案及其上摆放的杯盘。

○四一

张耳与陈余

张耳与陈余，自称为"刎颈交"，却因为猜疑和争权，成了你死我活的仇人。

共立赵歇为王

陈余比张耳年少，对张耳就像对自己的父亲一样。他们俩自称是"刎颈交"，意思是生死与共，断颈无悔。在河北，他们鼓动武臣自立为赵王，并建议武臣只一味地向南向北扩大自己的地盘，而不再发兵西进。武臣接受了他们的建议，派韩广去攻占燕国，派李良去攻占常山，又派张黡攻占上党。韩广攻占燕地，就自立为燕王。李良平定常山后不久就反叛了，并偷袭邯郸得手，杀死了武臣和左丞相邵骚。张耳、陈余侥幸逃脱，并找到赵王的后裔赵歇，立为赵王。

张耳疑陈余

陈余发兵击败李良，李良投奔了章邯。章邯兵势正盛，轻易地攻占了邯郸，并把邯郸夷为平地，老百姓也全都迁走。张耳带着赵王退走巨鹿城，

注重刻画神韵的西汉彩绘陶仪仗俑
此俑出土于西汉中期的北洞山墓，以简练质朴的线条勾勒出俑的修长体态和恭敬肃穆的神情，表现手法上，省却了繁复的细部刻画，注重刻画人物的神韵。

被秦将王离用兵团团围住。当时，陈余在常山北面扩军，得数万人，进驻巨鹿北面，准备援救巨鹿。章邯的军队驻扎在巨鹿以南，不断地运送粮食给王离。王离兵多粮多，不断地进攻巨鹿。巨鹿城兵少粮缺，眼看要支撑不住了。情急之下，张耳几次派人叫陈余前来救援。陈余兵少，自知不是秦军的对手，不敢发兵。拖了数月，张耳十分恼火，派张黡、陈泽去责备陈余。张耳在信中说："我与你，从来都说是生死与共的朋友，如今我和赵王危在旦夕，你却拥兵数万，不肯前来救援，这叫生死与共吗！如果你是个讲信用的人，何不率兵前来，我们一起与秦军拼死一搏，死也死在一起。何况战胜秦军的可能也还是有的。"

张耳斩陈余

张耳和陈余的刎颈交终于因猜疑演进为仇恨，终使陈余身首异处。此图出自明刻本《两汉开国中兴志传》。

▷ 历史文化百科 ◁

〔记载秦律的睡虎地秦简〕

秦人主要书写材料为竹木简。1975年底，湖北云梦县睡虎地十一号秦墓，出土竹简一千一百余支，是首次发现的秦简。简长在23厘米—27.8厘米之间，简文以近似小篆的秦隶书写。其时代早的为战国末年，晚的为秦始皇晚期。大部分是有关秦律、律文解释和治狱文书程式的记载。

公元前 144 年

世界大事记

托勒密八世娶嫂克娄巴特拉二世，杀托勒密七世。

〈史记·淮阴侯列传〉
〈史记·陈涉世家〉

张耳
陈余

刎颈交

友谊
猜疑

人物 典故 关键词 故事来源

陈余看了信，对张黡、陈泽说："我以为前往援救是无济于事的，只会使我们的军队损失殆尽。我之所以没有前去送死，以实现当初同生共死的诺言，是为了有朝一日，可以为赵王和张耳报仇。今天一定要死在一起，就好像把肉送到饿虎的嘴里，又有什么用呢？"张黡与陈泽说："已经危在旦夕了，就应信守当初同生共死的诺言，还有什么别的好谈！"话已讲到这个份上，陈余只好让他俩带兵五千，先去试探一下，结果是全军覆没。后来，项羽发兵解了巨鹿之围，张耳与陈余相见，张耳责备陈余不来救援，并问他张黡、陈泽在哪里。陈余把他俩带兵五千，结果全军覆没的事说了。但张耳不信，认为是陈余杀了他们，三番五次地盘问陈余。陈余大怒，说想不到对我的怨恨是如此之深，怎么会这样看待我。他把佩带的印绶解下来，往张耳座旁一推。张耳当时有点吃惊，不肯接受。这时，陈余起身外出上厕所。张耳的一个门客就对张耳说："我听说上天给予的东西，你不要，那反而会对你不利。现在陈将军把印绶给你，你不要，对你不利，还是赶快拿了。"张耳于是佩带印绶。等陈余回来时，看到这场面，非常生气，便一走了之。

相互仇杀

陈余带了自己最亲信的数百人，跑到一个大泽中过打鱼狩猎的清闲日子去了。张耳后来率兵跟从项羽入关，项羽立诸侯王，将赵地的一部分分给他，封他做了个常山王。赵歇则受封为代王。也有人对项羽说，陈余的功劳很大，同样应该封王。项羽认为陈余没有追随自己入关，不该封王，只可以封侯。

听说陈余在南皮，项羽就把南皮附近的三县封给了他。见张耳封王，而自己只封了个侯，陈余忿忿不平。及齐王田荣起兵反对项羽，陈余就跑去向田荣借兵。田荣因为要建立自己的反楚同盟，就派了一部分军队归陈余指挥。陈余有了田荣的支持，又在自己的封地里招募了一些士兵，偷袭张耳一举得手。张耳落荒而逃，投奔了刘邦。陈余则重新立赵歇为赵王，赵歇又立陈余为代王。

陈余尽力辅佐赵王，而将自己的封国交给相国夏说去管理。那时，刘邦正挥师东进与项羽交战，派人请赵国出兵援助。陈余提出条件，要刘邦先杀了张耳。刘邦让手下人去找了个跟张耳长得很像的人，砍了他的头送给陈余看。陈余于是发兵援助刘邦。不久，刘邦兵败，陈余也发现张耳并没有死，就背叛了刘邦。过了一年，韩信攻占了魏国，与张耳连兵攻克赵国的井陉，在泜水河畔与陈余大战。陈余战死，赵歇在逃跑的途中被追杀。一对被誉为刎颈交的好朋友，就因为猜疑和争权，成了你死我活的仇人。两年之后，张耳也病死了。

西汉铜扁壶：中西文化交流的见证（上图）
1995年徐州狮子山楚王陵出土，西汉早期青铜器中的精品。该壶形扁有鋬，器身两侧有耳，为楚王沐浴之用，其造型具有西域特点，是古代文化交流的见证。

中国大事记　景帝胞弟梁孝王死，其封地分为五国，五子各封王。

〇四二

刘邦荥阳突围

范增既死，钟离昧又不受信任，楚军的指挥有些混乱。将军纪信对刘邦说："现在情况很紧急！请允许我设计来调动楚军，大王可以乘机冲出城去。"当天晚上，陈平让两千余名女子出荥阳城东门，楚军以为刘邦在此突围，从三面围攻过来。此时，纪信乘着刘邦的座车，大呼："粮食都吃完了，汉王投降了！"楚军听说刘邦投降，全都喊起了万岁，城西的楚军也都涌向城东。刘邦遂率领数十骑

汉代戏车画像砖

此画像砖出土于河南新野。走索是汉代杂技中比较著名且很流行的技艺，由艺人在高空的绳索上表演各种杂技。张衡《西京赋》中有"跳丸剑之挥霍，走索上而相逢"。汉画像石、砖上多见走索技艺，具体生动。图为河南新野樊集画像砖上的戏车走索，都是双车双橦联索表演，既有斜索，也有平索。

划鸿沟为界

刘项相持不下，项羽提出与刘邦平分天下。双方最后确定以鸿沟为界，西属汉，东属楚。和约签订后，项羽把太公和吕雉送还刘邦，然后引兵东归。

出西门而逃。项羽抓到纪信，问他刘邦在哪里，纪信说："已从东门走了。"项羽恨得要死，把纪信活活烧死了。

刘邦逃出了荥阳城，途中与黥布会合，又一路收拾散兵，然后退守成皋。

鸿沟之约

公元前203年，项羽带兵围成皋。刘邦见形势危急，抢先与夏侯婴从成皋北门逃出，驰入韩信军，夺韩信印绶。成皋城中的汉军也逐渐突围出来，与刘邦会合。项羽攻陷成皋，想继续西进，却被汉军拒阻于巩县。当时彭越率军攻击楚国的东阿，杀了楚将薛公，项羽于是亲自东征彭越。项羽击败彭越，刘邦乘机收复成皋。等到项羽回师时，刘邦又在广武坚兵据守。两军相持不下，项羽要刘邦投降，否则要把在他手中的太公烹了。可这并不能吓倒刘

邦。最后项羽提出要与刘邦决斗。说天下好几年都不得安宁，就是因为他们两人在争夺天下，他愿意与刘邦单打独斗，决一雌雄，不要让天下的老百姓们为了他们两人的争斗而受苦受累了。刘邦听了项羽的话，笑着说："我是喜欢斗智，而不喜欢斗力的。"项羽没办法，就派了几个壮士在阵前挑战。刘邦有一些很善于骑马射箭的楼烦，常常用弓箭射杀那些在阵前挑战的楚军壮士。项羽大怒，就亲自披甲持戟冲到阵前。

运用蒸馏技术的汉代青铜蒸馏器

外形与汉代甑器相似，仅多出甑体下部收集蒸馏液的导流管和釜体上部加注蒸馏水的注液管，釜曾多次使用。经实验证明，该器皿既可蒸馏出酒，提高酒精含量，又可用于提取花露或某些药物的有效成分。这说明中国在公元1世纪左右的两汉之交已经有了蒸馏技术和应用蒸馏技术。

那些楼烦也不知是项羽，只管搭箭弯弓。项羽怒目圆睁，并发出可怕的吼叫，吓得那些楼烦眼睛不敢正视，手也不敢放箭，逃回壁垒再也不敢出来。刘邦一打听，才知道是项羽，大惊。两人于是又对阵而语。项羽还是要与刘邦单打独斗，而刘邦则尽量想法激怒项羽。刘邦历数项羽十大罪状，说："我以义兵响应诸侯来讨伐你这个残暴的贼子，让那些受过肉刑的罪人来跟你打仗，又何苦要跟你单打独斗呢？"项羽一时之间怒火中烧，一箭射中刘邦的胸部。刘邦却伏下身子，摸着自己的脚说："这个家伙射中了我的脚趾。"

刘邦伤得不轻，但为了安定人心，张良要他硬撑着起床，亲自走着去慰劳士兵。刘邦照张良的要求去做了，但伤势加重，遂驱车入成皋疗伤。其时，项羽军粮将尽，韩信又率兵进攻楚地，项羽有点首尾不顾。恰逢刘邦派侯公去请项羽放太公，项羽就提出与刘邦平分天下：以鸿沟为界，西属汉，东属楚。和约签订后，项羽把太公和吕雉送还刘邦，然后引兵东归。

> 历史文化百科

〔汉代的肉食〕

汉代人食用最多的是猪和鸡。羊肉在秦汉时期被认为是精美的肉类，常常被用作赏赐。此外，当时还普遍存在食狗肉的习俗，并出现了专门以屠狗为业的屠夫。野生动物中食用较为普遍的是鸟类、野兔、麋鹿和野猪。

刘邦背约

签订了鸿沟和约，项羽引兵东去了，刘邦也准备西归。这时，张良和陈平都对刘邦说，以鸿沟为界，汉有天下的三分之二，而诸侯如今也都归顺了，楚军又兵疲粮尽，现在乘他们退却的时候，正好去攻打，否则就会是养虎遗患。刘邦采纳了他们的建议。

公元前202年，刘邦在固陵追上项羽，与之大战。战不利，刘邦又坚壁自守。他对张良说："诸侯的军队都没有来，我们怎么办？"当时，韩信和彭越都没有按期率兵赶到。张良说："楚军就要被打败了。现在韩信和彭越都还只封了王，并没有封地给他们，他

霸王别姬

刘邦背约，在垓下将楚军团团围住。听见四面都响起了楚歌，项羽知道自己已失败了。在军帐中，他慷慨悲歌，与爱姬诀别。

们不赶来会师是当然的。君王如果能够与他们共享天下，可以马上就让他们来。立韩信为齐王的时候，汉王您就是不同意的，韩信为此也很不安心呢。梁地本是彭越平定的，彭越也想在那里封王，但您就是不早做决定。今天，如果能把睢阳以北、一直到谷城的大片土地都封给彭越，把从陈县以东、一直到海的大片土地都封给韩信，事情就好办了。韩信的家在楚地，他的本意就是要得到自己的

韩信九里山十面埋伏

公元前202年，西楚霸王项羽与汉王刘邦在垓下（今安徽灵璧县东南）展开最后的大决战。夜间，汉谋士张良令会楚地方言的汉兵奏唱楚曲楚歌。楚军闻听，军心大乱纷纷逃散，项羽身边仅剩下千余人。此图为清代民间年画。

霸王别姬

公元前202年，项羽被刘邦大军包围在垓下，兵少粮尽。夜间，汉军唱起楚地之歌，项羽在帐中闻四面楚歌声，知道大势已去，在帐中饮酒，慷慨悲歌。虞姬听罢项羽的悲歌，和唱道："汉兵已略地，四面楚歌声。大王意气尽，贱妾何聊生。"唱罢拔剑自刎。此图出自清代吴友如《吴友如画宝》。

家乡。能把这里的土地封给这两个人，使他们为自己打仗，那楚国就容易攻破了。"

按照张良的建议，刘邦马上派使者到韩信和彭越那里去。这两个人见了使者，听说要封给他们这么好的土地，都表示马上率军增援。

四面楚歌

在一个叫垓下的地方，楚军被汉军团团围住。项羽兵少粮尽，意识到自己大势已去。一天夜里，他听到四面八方都唱起了楚歌，大吃一惊，以为汉军已全部占有了楚地。他再也无法入睡，就在帷帐中喝起酒来。他

> **历史文化百科**
>
> **〔汉人多从母姓〕**
>
> 汉人多从母姓。刘据为武帝太子，从母姓称卫太子。而他的母亲卫皇后和舅舅卫青，也都是从母姓的。宣帝在民间时，因母家姓而称史皇孙。馆陶公主为窦太后女，而称窦太主。元帝为太子时，也从母家姓，称许太子。

最宠爱的美人，陪伴在他的身旁。美人的名字叫虞，她长得真是美极了。他还有一匹骏马，名字叫骓，是他常常要骑的。这可是一匹神驹啊！项羽此时真是非常感慨，走到这一地步，是他从不曾想到过的。终于忍受不住那种凄切与沉闷的气氛，他大声地唱道："力拔山兮气盖世，时不利兮骓不逝。骓不逝兮可奈何，虞兮虞兮奈若何！"歌的曲调也是楚声，是旧的，歌词是他自己的。大意是说：我曾经是那样地英雄盖世，如今却是时运不济，可我的骏马你为什么不弃我而去；你不肯离去，我将怎么办呢！虞姬啊虞姬，我将把你怎么办呢！歌声慷慨悲凉，虞姬在一旁忧伤地陪着他哼唱。唱着唱着，项羽泪下，左右随从也都热泪纵横。此时此刻，真是英雄气短。项羽这位大英雄，就要与他的美人永别了。

汉代马王堆墓中的云纹漆鼎

长沙马王堆一号墓出土有7件漆鼎，器形及大小相同，均通高28厘米。鼎身口部微向内敛，腹圆鼓，圜底，口外两侧设两个直耳，底设三个兽蹄形足。器表色彩丰富，描饰线条婉转流畅，颇为华丽，相对于造型浑厚凝重、装饰严谨的西周青铜鼎差异较大。器底均朱书"二斗"两字，表明器容量。

123

中国大事记

景帝死，太子刘彻继位，是为武帝。文帝和景帝在位期间，是为西汉历史上经济发展、社会稳定时期，史称"文景之治"。

○四四

无面目见江东父老

"天之亡我，非战之罪"

项羽逃入一片大泽，被汉军追上。于是对部下感叹，是上天要亡他，而不是他不会打仗。但是，将要渡江之时，他终于感到无面目见江东父老。

告别了虞姬，项羽骑上了他的骏马，带上他麾下的八百壮士，乘夜从南面驰出。天方亮，汉军发觉，骑将灌婴率五千骑兵追击。项羽渡过淮河的时候，只有百余骑兵还能跟得上他。到了一个叫阴陵的地方，他们迷了路，就去问一个种田的老人。老人骗他们往左边走。上了老人的当，他们走入一片大泽，越走越慢，结果被汉兵追上了。项羽于是再引兵向东

乌江自刎

二图分别为项王别姬、乌江自刎。二图均出自明万历刻本《京本通俗演义按鉴全汉志传》。

走。到了东城，只有二十八骑还跟着他。

此时，追击的骑兵有几千人。项羽知道很难逃脱，就对他的一个随骑说："我起兵至今已有八年了，身经七十余战，攻无不破，战无不胜，从没有败逃过，于是称霸天下。然而，今天我终于受困于此。这是老天要亡我，并非是我打仗打得不好。今天是要决死一战了，我愿为诸位打一个痛快仗，定要取得突破包围、斩获敌将和砍断敌人的旗帜这三个胜利。让诸位确实感到是天要亡我，而不是我打仗的本领不行。"

展现天上、人间和地下景象的西汉T字形帛画（局部）

▶历史文化百科◀

〔汉代粮食单产〕

战国的亩制，一亩约合今0.5市亩。汉初的一亩，约今0.3市亩。汉武帝以后，一亩约合今0.7市亩。以今市亩折算，汉初的粮食单产，比战国时的0.6市石增加了10%，汉武帝以后的粮食单产，则增加了43%。

公元前140年

世界大事记

帕提亚再攻塞琉西，为德米特里二世所败。

无面目见江东父老

项羽 吕马童

勇敢 尊严

《史记·项羽本纪》

人物 典故 关键词 故事来源

在汉军的重重包围之下，项羽将从骑分为四队，面向四个方向。项羽对一个从骑说："我为你去杀一个敌将。"说完，他命令从骑各队四面驰出，约定在山的东面的三个地方会合。项羽大呼驰入敌阵，汉军兵将无不心惊胆战，乱阵中汉军一骑将被项羽斩于马下。接着，汉军一郎中骑将杨喜追击项羽，项羽怒目而视，吼声袭人胆魄，杨喜人马俱惊，逃出数里之外。项羽与他的从骑在三处会合。汉军不知项羽到底在哪里，就兵分三路，重新形成包围之势。项羽又命从骑列队冲击，杀汉军一都尉和骑兵一百多人。

自刎于乌江边

冲出重围再集合的时候，项羽点了点人数，只少了两名。他对其他人说："我指挥打仗怎么样？"大家都说："确实如大王说的那样！"于是项羽准备带大家渡乌江（今安徽和县东北）。乌江亭长此时正撑着一只船停在江边，他对项羽说："江东虽小，但也是地方千里，还有数十万之众，在那里也足可以为王了。望大王赶快渡江！现在就我一个人有船，汉军追到此地，没有船也是白搭。"项羽听了乌江亭长的话，若有所思，苦笑道："上天要亡我，我何必再渡江呢？何况我项羽与江东子弟八千人渡江西进，今天除了我，没有

一个生还的；纵使江东的父老兄弟见怜，让我在江东为王，我怎么还有脸面去见他们呢！纵使他们对我没有怨言，我难道就可以无愧于心了吗！"说完，他把自己心爱的战马赐给了乌江亭长，并命令从骑都下马步行，与追到的汉军短兵相接。项羽一人杀汉兵几百人，身上十几处受伤。拼杀之中，他看见汉骑吕马童，说："你不是我的故人吗？"吕马童看了看，认出他就是项羽，便对中郎骑将王翳说："这就是项王。"项羽于是说："我听说汉王以千金买我这颗头，还要封万户。我把我这颗头送给你，让你提着我这颗头去请功吧。"遂自刎而死。王翳马上砍下了项羽的头，其他人为了领赏，争抢项羽的尸体，相互践踏，以至于相互残杀，死了几十人。最后，杨喜、吕马童、吕胜、杨武各分抢到一块。这五个人后来都因此封了侯。

项羽英雄一世，但至死都认为是上天要亡他，真可怜他英雄一世了。

展现天上、人间和地下景象的西汉T字形帛画
湖南长沙马王堆一号墓出土的西汉"T"字形帛画，长205厘米，画面完整，形象清晰。自上而下分段描绘了天上、人间和地下的景象。顶端正中有一人首蛇身像，左上部有内立金乌的太阳，右上部描绘一女子飞翔仰身攀托一弯新月，月牙拱围着蟾蜍与玉兔。下段有两条穿璧环绕的长龙，玉璧上下有对称的豹与人首鸟身像，玉璧系着张扬的帷幔和大块玉璜。

125

聚焦：公元前 221 年至公元前 202 年的中国

中华文化有五千年以上的历史，但它为世界所认识，走向世界，那是秦汉统一全国以后的事。从此以后，二千多年来，中国文化长期在黄河、长江流域，发展壮大。——秦汉统一以后，在长期统一政权管理下，各地区的文化，不断互相交流，互相学习，交融汇同，逐渐形成了中国特色的中华文化。

任继愈

盖嬴政称皇帝之年，是前此二千数百年之结局，亦为后此二千数百年之起点，不可谓非历史一大关键。惟秦虽有经营统一之功，而未能尽行其规划一统之策。凡秦之政，皆待汉行之。秦人启其端，汉人竟其绪。亦有秦启之而汉未竟者。故吾论史，以秦与汉相属，而不分焉。

柳诒徵

秦人统一，此期间有极关重要者四事：一、为中国版图之确立。二、为中国民族之抟成。三、为中国政治制度之创建。四、为中国学术思想之奠定。

钱穆

汉武帝继承了汉高祖以来数十年休养生息所累积的国家资源，对内以"罢黜百家，独尊儒术"，奠下中央集权官僚体制运作的理论与方法，对外则连年发兵征讨匈奴，开拓四裔，使大汉声威远播。国势达于巅峰。

黄仁宇

中国自春秋以来，由十二诸侯而成七国，无论在政治上与思想上所走的都是趋向统一的路线，

文苑泰斗，学术名家，聚焦于公元前221年至公元前202年的中国。他们以宏观或者微观的独到眼光，对秦西汉的政治经济和社会文化的各个层面作了深入浅出、鞭辟入里的解析。这些凝聚了高度智慧的学术精华，历经岁月洗礼，常读常新，是我们走进中国历史文化殿堂的引路人。

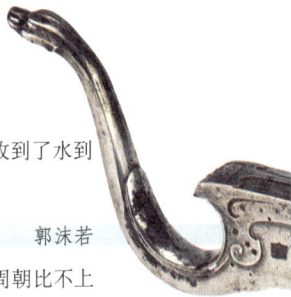

而始皇承六世的余威，处居高临下的战略地位，益之以六国诸侯的腐败，故他收到了水到渠成的大功。

郭沫若

秦始皇建造了有阶梯的官僚金字塔。汉武帝布下了搜尽天下士的大网。合成为周朝比不上的大帝国的稳固结构，历时两千多年，断裂后还能重建。这是世界上称得上大帝国的国家都比不起的。

金克木

秦朝开始建立中国民族统一的国家，它的一切制度和设施，都在中央集权这一目标上面。因为集权的成功，出现了统一的大帝国。七国混战转变为对外侵略，疆土扩大了，人口增加了。秦虽然很快崩溃，它的统一事业，替盛大的汉朝奠定了巩固的基础。

范文澜

汉代人的思想的骨干，是阴阳五行。无论在宗教上，在政治上，在学术上，没有不用这套方式的。

顾颉刚

中国之教，得孔子而后立。中国之政，得秦皇而后行。中国之境，得汉武而后定。三者皆中国之所以为中国也。自秦以来，垂二千年，虽百王代兴，时有改革，然观其大义，不甚悬殊。譬如建屋，孔子奠其基，秦汉二君营其室，后之王者，不过随事补苴，以求适一时之用耳。不能动其深根宁极之理也。

夏曾佑

图书在版编目（CIP）数据

大风一曲振河山（上）/程念祺著 . —上海：上海锦绣文章出版社，2014.2
（话说中国：普及版）
ISBN 978 - 7 - 5452 - 1259 - 4

Ⅰ . ①大… Ⅱ . ①程… Ⅲ . ①中国历史—秦代—通俗读物

Ⅳ . ① K 233 . 09

中国版本图书馆 CIP 数据核字（2013）第 062542 号

责任编辑　　秦　静　李　欣　顾承甫
特邀审读　　王瑞祥
特邀编辑　　王建玲　侯　磊　刘言秋　李曦曦
整体设计　　袁银昌　李　静
摄　　影　　徐乐民　麦荣邦
图片整理　　居致琪
印前制作　　北京世典华文文化传媒有限公司　邵海波
印务监制　　张　凯　黄亚儒

书名
大风一曲振河山（上）
　　——公元前221年至公元前202年的中国故事
著者
程念祺
出版
上海锦绣文章出版社 · 上海故事会文化传媒有限公司
发行
北京世典华文文化传媒有限公司
电话：010—62870771
传真：010—62874452
地址：北京市海淀区红山口甲3号209楼14号
邮编：100091
公司网址：http://www.sdhwmedia.com
电子邮箱：shidianhuawen@sina.com
印刷
北京爱丽精特彩印有限公司印刷、装订
版次
2014年2月第1版　2016年1月第2次印刷
规格
787 × 1092　1/16　印张8
书号
ISBN 978 - 7 - 5452 - 1259 - 4/K · 434
定价
26.00元

告读者　　如发现本书有质量问题请与印刷厂质量科联系 T：010—84311778